基于 RFID 和 AI 的集团企业信息系统架构与项目实施模型研究

▶▶ 杨律青 赵江声 郑斯瑶 ——著

厦门大学出版社

XIAMEN UNIVERSITY PRESS

国家一级出版社
全国百佳图书出版单位

图书在版编目（CIP）数据

基于 RFID 和 AI 的集团企业信息系统架构与项目实施模型研究 / 杨律青，赵江声，郑斯瑶著. -- 厦门 ：厦门大学出版社，2025. 1. -- ISBN 978-7-5615-9601-2

Ⅰ. F276.4

中国国家版本馆 CIP 数据核字第 2025ZU4959 号

责任编辑　郑　丹

美术编辑　蒋卓群

技术编辑　许克华

出版发行　*厦门大学出版社*

社　　址　厦门市软件园二期望海路 39 号

邮政编码　361008

总　　机　0592-2181111　0592-2181406(传真)

营销中心　0592-2184458　0592-2181365

网　　址　http：//www.xmupress.com

邮　　箱　xmup@xmupress.com

印　　刷　厦门市金凯龙包装科技有限公司

开本　720 mm×1 020 mm　1/16

印张　13.25

字数　238 千字

版次　2025 年 1 月第 1 版

印次　2025 年 1 月第 1 次印刷

定价　58.00 元

厦门大学出版社
微信二维码

厦门大学出版社
微博二维码

前言

在当今数字化快速发展的时代,企业面临着日益复杂的市场环境和激烈的竞争挑战,如何实现高效的信息化管理与智能化运营已成为集团企业持续发展的关键。而射频识别(RFID)技术和人工智能(AI)技术的融合能为集团企业信息系统的架构优化与项目实施提供全新的思路和方法。在此背景下,本书应运而生。

RFID技术作为一种非接触式的自动识别技术,具有识别速度快、数据容量大、识别距离远等诸多优点,能够对物体进行精准快速的识别和数据采集。在集团企业中,RFID技术可以实现对物资、设备、人员等的实时追踪和管理,为企业的生产、物流、销售等环节提供有力的数据支持。而AI技术则以其强大的智能分析和决策能力,在处理海量的RFID数据以及优化企业业务流程等方面发挥着不可替代的作用。通过机器学习、深度学习等算法,AI能够从RFID采集的数据中挖掘出有价值的信息,为企业的管理决策提供精准的依据,实现智能化的预测、预警和优化调度。

本书深入探讨了RFID和AI技术在集团企业信息系统中的应用,旨在构建一套科学合理、高效实用的信息系统架构与项目实施模型。在研究过程中,我们不仅对RFID和AI的相关技术进行了详细的阐述,包括RFID的系统组成、分类、定位算法、防碰撞算法等,AI的基本概念、发展趋势及在集团企业中的各类应用,还深入研究了软件工程的过程模型,分析了如何在软件生命周期中充分发挥 RFID 和 AI 的作用。在此基础上,本书进一步探讨了基于 RFID 和 AI 的集团企业信息化规划、信息系统架构设计、项目实施模型建立以及系统的维护与管理等关键问题,并通过大量的案例分析对所提出的理论和方法进行了验证和说明,涵盖了矿业、供应链、物流、工厂、零售、医疗等多个领域的集团企业应用场景。

希望本书能够为从事集团企业信息化建设的管理人员、技术人员以及相关研究人员提供有益的参考和借鉴,帮助企业更好地利用 RFID 和 AI 技术提升信息系统的效能,实现智能化转型和可持续发展,共同开启集团企业信息化管理的新篇章。

编 者

2024 年 10 月

目 录

第**1**章

绪　论

1.1　研究现状

随着物联网和智慧地球概念的兴起,射频识别(radio frequency identification,RFID)技术在各行各业都得到了广泛的应用。在 RFID 技术中,多标签防碰撞和 RFID 定位是关键技术,它们对于提高系统效率和精度至关重要。国内外的科研团队在 RFID 防碰撞算法和定位算法方面进行了深入的研究,其中包括 UHF RFID 防碰撞算法、UHF RFID 定位算法等,这些研究成果对于信息系统架构与项目实施模型具有重要的参考价值。同时结合人工智能(artificial intelligence,AI)技术的应用,探讨如何利用 AI 技术提升 RFID 技术在集团企业信息系统中的应用效率和性能。通过综合分析和对比,以及结合实际案例,探索出更具创新性和实用性的信息系统架构与项目实施模型,为集团企业的信息化发展提供有力支持。

RFID 技术衍生自 20 世纪四五十年代的雷达技术,RFID 理论基础于1948 年诞生。1950—1960 年,人们开始对 RFID 技术进行探索,但是并没有脱离实验室研究。1960—1970 年,相关理论不断发展,并且这一技术在实际中开始得以运用。1970—2000 年,RFID 技术不断更新,产品研究逐步深入,对于 RFID 技术的测试开始进一步加速,并且实现了在相关系统的应用。近年来,RFID 阅读器和标签价格的下降以及 RFID 技术的进一步成熟,引起了大规模部署 RFID 阅读器的热潮,在生活中多个领域可以见到 RFID 技术的身影。据英国知名研究公司 IDTechEx 的数据分析,2019 年整个 RFID 市场规模达到 116 亿美元,2022 年增长至 130 亿美元,可见未来 RFID 市场将继续扩大。近 20 年,学术界和工业界对 RFID 技术在物流、供应链管理、库存管理等方面的应用进行了大量研究。研究者探讨了 RFID 技术在提高物流效率、降低库存成本、优化供应链管理等方面的潜在作用,为企业管理提供了理论支持和实践指导。

近年来,随着 AI 技术的快速发展,其在企业管理中的应用也日益广泛,包括数据挖掘、机器学习、智能决策系统等在内的人工智能技术被应用于企业资源管理、供应链优化、风险管理等领域,为企业管理带来了新的思路和方法。自 2019 年以来,RFID 技术在各个领域的应用不断拓展,为各行业带来了重要的技术进步和管理优势。在物流和供应链管理方面,RFID 标签的应用在库存管理、货物追踪和运输过程中发挥着关键作用。例如:在跨境贸易中,RFID 技术能够实现对货物的实时监控和追踪,提高了货物流转的可见性和安全性;在零售业,RFID 标签可以帮助零售商实现自动化库存管理和货架补货,提升了店铺运营效率和客户体验。

另外,RFID 技术在医疗保健领域的应用也备受关注。通过在医疗设备、药品和患者身上植入或贴附 RFID 标签,可以实现对医疗资源的精确追踪和管理。例如:RFID 技术可以帮助医院管理设备的使用情况和位置,确保设备的及时维护和有效利用;在药品管理方面,RFID 技术可以跟踪药品的生产、储存和分发过程,提高了药品的安全性和溯源能力;同时,RFID 技术还能够用于患者身份识别和医疗记录管理,提升了医疗服务的质量和效率。

此外,在智慧城市的建设中,RFID 技术也扮演着重要角色。通过在城市基础设施、交通系统和公共服务设施上部署 RFID 技术,可以实现对城市运行的智能监控和管理。例如:在智能交通管理中,RFID 技术可以用于车辆识别和道路收费,提高了交通管理的效率和精准度;在智能停车系统中,使用 RFID 技术可以实现对停车场车辆的实时监控和管理,优化了停车资源的利用并缓解了交通拥堵情况;另外,在公共设施管理方面,RFID 技术可以用于对公共设施的使用情况和维护需求进行实时监测和管理,提高城市运行的整体效率和服务水平。

总的来说,RFID 技术作为一种重要的物联网技术,在不同领域的应用不断丰富和深化,为各行业带来了更高效、更安全和更智能的管理解决方案,将在未来持续发挥重要作用。

针对 RFID 和 AI 技术在企业管理中的应用,学者们开始探讨如何构建适应这些技术的企业信息系统架构。他们提出了各种理论模型和实践方案，旨在实现对企业资源、流程、信息的全面管理和优化。

在集团企业管理中，信息系统的项目实施涉及多个子公司、多个业务板块的协调与整合，具有一定的复杂性和挑战性。研究者们开始关注集团企业信息系统项目实施成功的关键因素、最佳实践模型等，以期提高项目的成功率和效益。

基于 RFID 和 AI 的集团企业信息系统架构与项目实施模型的研究是一个复杂而具有挑战性的课题，涉及多个学科领域的知识和技术，需要综合运用信息技术、管理学、运筹学等多方面的理论和方法，以期为企业提供更加智能化、高效化的管理解决方案。因此，该研究具有重要的科学研究和应用价值。

1.2　研究的意义和目的

基于 RFID 和 AI 的集团企业信息系统架构与项目实施模型的研究具有重要的意义，主要体现在以下几个方面：

提升管理效率和精度：RFID 技术能够实现对企业资源、物流、生产流程等方面的实时监测和管理，结合 AI 技术的数据分析和决策支持，可以帮助企业管理者更加精准地掌握企业运营情况，及时调整管理策略，提高管理效率和决策精度。

优化供应链和物流管理：RFID 技术的应用可以实现对供应链和物流过程的实时追踪和管理，通过 AI 技术对大数据进行分析，可以优化供应链管理，降低库存成本，提高物流效率，从而增强企业的市场竞争力。

促进信息共享与协同办公：基于 RFID 和 AI 的集团企业信息系统架构可以实现不同业务板块之间的信息共享与协同办公，打破信息孤岛，提高企业内部协作效率，促进资源优化配置。

实现智能化管理和决策：通过 AI 技术对大数据进行挖掘和分析，结合 RFID 技术获取的实时数据，可以构建智能化的管理和决策系统，为企业提供更加准确、及时的管理决策支持，帮助企业实现业务流程的自动化和智能化。

探索最佳实践模型：集团企业信息系统项目涉及多个子公司、多个业务板块的协调与整合，研究基于 RFID 和 AI 的集团企业信息系统架构与项目实施模型，有助于总结和提炼出项目实施的最佳实践，降低项目风险，提高项目成功率。

综上所述,基于 RFID 和 AI 的集团企业信息系统架构与项目实施模型的研究不仅有助于提升企业管理水平和竞争力,还能够推动企业数字化转型,实现管理智能化和决策科学化。

1.3 研究内容

本书旨在探讨基于 RFID 和 AI 的集团企业信息系统架构与项目实施模型,以应对当今集团企业管理面临的挑战和需求。具体而言,本书将涵盖以下主要内容:

RFID 技术原理与应用:介绍 RFID 技术的基本原理、标签类型、阅读器设备以及在企业管理中的应用场景,特别是在供应链管理、物流追踪、资产管理等方面的具体应用案例。

AI 技术基础与算法:阐述人工智能技术的基本原理和常见算法,包括机器学习、深度学习、自然语言处理等,以及在企业管理中的应用实践,如数据分析、预测模型、智能决策系统等。

集团企业信息系统架构设计:探讨基于 RFID 和 AI 的集团企业信息系统架构设计原则和方法,包括系统组成、功能模块划分、数据流程设计等,旨在实现对企业资源、流程、信息的全面管理和优化。

项目实施流程与关键技术:分析基于 RFID 和 AI 的集团企业信息系统项目实施流程,包括需求分析、系统设计、开发实施、测试验收等阶段,并重点讨论项目实施过程中的关键技术和注意事项。

实例分析与案例研究:通过实际案例分析和企业应用实践,深入探讨基于 RFID 和 AI 的集团企业信息系统架构与项目实施模型的具体应用场景、效果评估以及经验总结,为读者提供实用的参考和借鉴。

未来发展趋势与展望:展望基于 RFID 和 AI 的集团企业信息系统在未来的发展趋势,探讨可能面临的挑战和机遇,并提出未来研究的方向和建议,以促进该领域的持续创新和发展。

通过对以上内容的深入研究和探讨,本书旨在为读者提供全面的理论指导和实践指南,帮助读者更好地理解和应用基于 RFID 和 AI 的集团企业信息系统架构与项目实施模型,帮助企业提升管理水平,优化资源配置,增强竞争力。

1.4　本书的结构

本书按以下章节展开论述。

第 1 章"绪论",研究了基于 RFID 和 AI 的集团企业信息系统架构与项目实施模型研究的相关文献。

第 2 章"RFID 技术概述",提出基于 RFID 和 AI 的集团企业信息系统架构的相关理论,包括 RFID 系统基本概述、RFID 的定位算法、RFID 的防碰撞算法、RFID 中间件在企业信息化中的作用。

第 3 章"AI 技术概述",阐述了 AI 的基本概念,AI 技术的发展趋势及在集团企业中的应用,AI 对企业信息系统的影响。

第 4 章"软件工程的过程模型",介绍了软件生命周期、常用的软件工程模型、模型选择与应用、RFID 和 AI 在软件工程开发过程中的作用。

第 5 章"基于 RFID 和 AI 的集团企业的信息化规划",探讨了基于 RFID 和 AI 的集团企业信息化规划与架构,分析了企业信息化内涵、两化融合、建设信息化的意义,以及集团企业信息化的现状、问题和主要任务。同时,介绍了信息化规划的方法,包括价值链分析法、企业系统规划法和关键成功因素法。

第 6 章"基于 RFID 和 AI 的集团企业的信息系统架构",深入探讨了 RFID 和 AI 技术在集团企业信息系统架构中的应用,包括架构的分类、组成和模型,特别强调了基于这两种技术的物联网体系架构设计。同时,讨论了业务协同与信息协同的重要性,并以某矿业集团为例,展示了 RFID 和 AI 在实际业务中的应用,以及它们如何支持企业的数字化转型。

第 7 章"基于 RFID 和 AI 的集团企业信息系统的项目实施模型与方法",介绍了 PMBOK 与项目实施理论,详细探讨了基于 RFID 和 AI 的集团企业信息系统项目实施模型建立与方法分析、项目管理与系统架构关系,并通过具体的基于 RFID 和 AI 的实施案例进行深入分析。

第 8 章"基于 RFID 和 AI 的集团企业信息系统的维护与管理",着重介绍了基于 RFID 和 AI 的集团企业信息系统的维护与管理、信息系统项目维护的重要性与概况、信息系统的管理体系,强调了在集团企业中实施 IT(information technology,信息技术)治理的必要性和方法。

第 9 章"基于 RFID 的人体行为识别",着重介绍了其基本概念和发展历程,包括传感器技术、数据采集和处理方法等。同时,分析了技术原理、方法、应用以及面临的挑战,特别关注了 UHF RFID 在行为识别和室内定位领域的研究现状,并提出了新的研究课题和算法,为该领域的技术创新和应用提供了参考和指导。另外,探讨了 UHF RFID 在企业信息系统中的潜在应用领域,如员工考勤管理、安全监控等。

第 10 章"集团企业信息系统案例分析",通过集团企业应用案例分析,深入探讨了基于 RFID 和 AI 的集团企业信息系统的具体应用场景和效果评估,对案例进行分析和总结,提炼出成功的经验和失败的教训。

第 11 章"总结和展望",对全书进行总结,并提出下一步的研究方向。

第2章

RFID 技术概述

2.1 RFID 系统基本概述

2.1.1 RFID 的基本概念

RFID 是一种利用无线电信号来实现对物体进行识别和跟踪的技术。RFID 系统由标签(tag)、阅读器(reader/writer)和天线(antenna)、后端系统、数据传输通道、中间件等组成,其基本原理是通过无线电信号进行数据的传输和交换。

RFID 系统的工作原理:阅读器向附近的 RFID 标签发送激励信号,标签接收到信号后,根据信号的编码来激活并发送存储在芯片中的信息。阅读器收到标签发送的信号后,将其解码并传输给数据处理系统进行处理,从而实现对物体的识别和跟踪。

RFID 技术具有识别速度快、无须视距、可同时识别多个标签等优点,广泛应用于供应链管理、物流追踪、资产管理、智能交通等领域。在集团企业信息系统中,RFID 技术的应用可以实现对企业资源和流程的实时监测和管理,为企业提供精准的数据支持和决策依据。

2.1.2 RFID 系统的组成

RFID 系统通常有以下几个主要组成部分,每个部分都发挥着不同的作用,共同实现对物体的识别和跟踪。

2.1.2.1　RFID 标签

RFID 电子标签是一种无线通信技术,由电路、天线和内存元件组成。电路负责信号的调制解调,处理阅读器发送的命令并返回相关信号。天线用于接收和发送信号,其大小直接影响着阅读器的工作距离。内存中存储着标签和物品的信息,每个标签都有独一无二的身份识别信息(identity document, ID),系统通过识别 ID 来确定标签。除了 ID 外,内存还可以存储其他类型的数据,例如制造日期、批次信息、物品属性等。RFID 标签可在不同的频段工作,包括低频(low frequency, LF)、高频(high frequency, HF)、超高频(ultra high frequency, UHF)和微波等频段。根据电源供应的方式,标签可分为被动和主动两种类型,被动标签通过接收阅读器发送的信号来工作,而主动标签具有自己的电源,能够主动发送信号。RFID 被广泛应用于物流管理、库存跟踪、资产管理、智能交通、电子支付、医疗保健等领域。图 2-1 所示是RFID 电子标签。

图 2-1　RFID 电子标签

2.1.2.2　RFID 阅读器

RFID 阅读器是另一个关键组成部分,用于与 RFID 标签进行通信。阅读器通常包括天线、射频单元、控制单元和接口等组件,是一种用于数据采集的设备。它通过广播方式向周围环境发送命令以进行查询,而收到能量的标签则会将携带的信息返回给阅读器,实现标签的双向通信。射频单元主要负责信号的调制解调,为标签提供能量并将标签中的信息传递给控制单元。控制单元则是阅读器的核心部件,接收并解码标签信息,然后将数据发送给后台应用系统。阅读器通常支持多种输出协议,如 GSM(global system for mobile communication,全球移动通信系统)、Wi-Fi 等。根据便携性的不同,阅读器可分为便携式手持阅读器、发卡器、OEM 阅读器和工业阅读器等。便携式手持阅读器通常配备液晶显示屏和存储空间,适合用户手持移动使用,常用于仓库存储中的库存盘点。发卡器主要用于对标签信息进行具体操作,如签约发卡、修改密码、注销信息等。OEM 阅读器通常作为集成设备的嵌入式单元,用于出入管理系统、收款系统等。而工业阅读器结构紧凑,易于集成到工业设备中,能够在恶劣环境下工作,因此常用于各种工业场合。阅读器的设计和规格会根据应用场景的需求而有所不同,例如通信距离、读取速度、通信协议兼容性等。如图 2-2 所示是 RFID 阅读器种类。

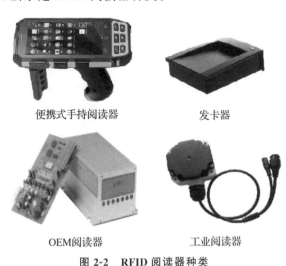

便携式手持阅读器　　　　　　发卡器

OEM阅读器　　　　　　工业阅读器

图 2-2　RFID 阅读器种类

2.1.2.3　天线

天线是阅读器和标签之间进行无线通信的接口。它负责发送和接收无线电信号,以实现与标签的通信。天线的设计和布置方式会影响到 RFID 系统的通信范围和效率。

2.1.2.4　后端系统

后端系统是 RFID 系统的数据处理和管理中枢,通常由计算机系统和数据库组成。它负责接收来自阅读器的数据,并进行解析、存储、管理和处理。后端系统也可能包括数据分析和应用软件,用于利用 RFID 数据进行业务决策和优化。

2.1.2.5　数据传输通道

数据传输通道是连接 RFID 系统各个组成部分的通信渠道,通常采用有线或无线的方式进行数据传输。这些通道可以是局域网、互联网或专用的 RFID 数据通信网络,用于将 RFID 标签识别的数据传输到后端系统进行处理和管理。

2.1.2.6　中间件

中间件是介于 RFID 阅读器和后端系统之间的软件层,用于数据过滤、转换和传输管理。中间件能够处理大量来自阅读器的数据流,筛选出有用信息并进行格式转换,使其适配后端系统的需求。同时,中间件还可以实现数据的实时监控和预处理,提高系统的响应速度和数据准确性。

综上所述,RFID 系统的各组成部分互相协作实现对物体的识别、定位和数据管理。这些组成部分的设计和配置将直接影响 RFID 系统的性能和应用效果。RFID 系统框架如图 2-3 所示。

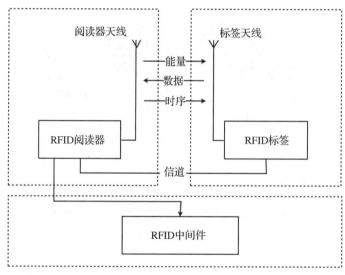

图 2-3　RFID 系统框架

2.1.3　RFID 系统的分类

RFID 系统可以根据不同的标准和应用需求进行分类,以下是一些常见的分类方式。

2.1.3.1　按工作频率分类

(1)低频 RFID 系统:工作频率通常在 125～134 kHz。低频 RFID 系统具有较短的通信距离和较低的数据传输速率,适用于近距离物体识别,如门禁系统、动物标识等应用。

（2）高频 RFID 系统:工作频率通常在 13.56 MHz。高频 RFID 系统具有较高的通信速率和较稳定的性能,适用于物流跟踪、库存管理、支付系统等应用。

（3）超高频 RFID 系统:工作频率通常为 860～960 MHz。超高频 RFID 系统具有较长的通信距离和较高的数据传输速率,适用于大规模物体追踪、车辆识别等应用。表 2-1 所列是不同频段下的 RFID 系统的性能特点。

表 2-1　不同频段下的 RFID 系统的性能特点

性　能	频　段			
	低频	高频	超高频	微波
工作频率	125～134 kHz	13.56 MHz	860～960 MHz	2.4 GHz/5.8 GHz
耦合方式	电感耦合	电感耦合	反向散射	反向散射
穿透性	除受金属材料影响外,能够穿过任意材料的物品而不降低读取距离	除受金属材料影响外,能够穿过任意材料的物品,但会降低读取距离	不能通过许多材料(特别是水和金属),受灰尘和雾灯悬浮物影响	极易穿透金属,不能穿透水
传输速率	大约 1000 bps	大约 26.6 kbps 到 1 Mbps	大约 40 kbps 到 1 Mbps	大约 1 Mbps 到 10 Mbps
抗干扰能力	强	强	较强	弱
磁场区域	下降很快,相对均匀	下降很快,相对均匀	难以界定	难以界定
阅读器识别能力	近,多标签读取慢	较远,多标签读取快	远,多标签读取高速	很远,多标签读取高速
能量消耗	少	较高	高	非常高
能量使用效率	高	较低	低	非常低
标签存储数据量	较少	较大	大	大
应用	门禁和安全管理、资产管理、畜牧业管理、自动停车场收费和车辆管理	智能卡和门禁控制、物流和供应链管理系统、图书馆档案管理	物流和供应链管理系统、航空或铁路包裹管理、生产线自动化、零售系统	远程跟踪、移动车辆识别、医疗科研、电子闭锁防盗

2.1.3.2　按标签的电源分类

（1）被动式 RFID 系统：标签自身不具备电源，需要通过阅读器发送的无线电信号来激活并传输数据。

（2）半主动式 RFID 系统：标签自身具备电源，但仍然需要阅读器发送的信号来激活。

（3）主动式 RFID 系统：标签自身具备电源，并能够主动发送信号。

2.1.3.3　按标签的类型分类

主动式标签：内置电源，具有较大的通信范围和灵活性，但成本较高且体积较大，适用于追踪大型资产或长距离识别。

被动式标签：不具备电源，通过阅读器发送的信号来激活并传输数据，成本较低且体积较小，适用于物流追踪、库存管理等场景。

半主动式标签：结合了主动式和被动式的特点，具有一定的通信范围和性能，适用于中等距离的识别和追踪。表 2-2 对不同标签类型的 RFID 系统进行了介绍。

表 2-2　不同标签类型的 RFID 系统

标签类型	电源类型	特　点	适用场景
主动式标签	标签自带电源	内置电源，具有较大的通信范围和灵活性，成本较高，体积较大	追踪大型资产或长距离识别
被动式标签	无电源	无电源，通过阅读器信号激活并传输数据，成本低，体积小	物流追踪、库存管理、门禁系统、零售支付
半主动式标签	标签自带电源	结合了主动式和被动式的特点，具有一定的通信范围和性能	中等距离的识别和追踪

2.1.3.4　根据能量来源分类

根据能量来源的不同，RFID 系统可以分为有源 RFID 系统、半有源 RFID 系统和无源 RFID 系统。

（1）有源 RFID 系统：又称为主动式 RFID 系统，内部装有电源，通常支持远距离识别，感应范围一般为 120～150 m。标签可自我激活，无须阅读器端激活。有源电子标签是指标签工作的能量由电源提供，电源、内存与天线一起构成有源电子标签，不同于被动射频的激活方式，在电源更换前一直通过设定频段外发信息。电源寿命相对较短。

(2)半有源 RFID 系统：集成了有源 RFID 电子标签和无源 RFID 电子标签的优势。在多数情况下，常常处于休眠状态，不工作，不向外界发出 RFID 信号，只有在其进入低频激活器的激活信号范围，标签被激活后，才开始工作。功能相对少，成本适中。

(3)无源 RFID 系统：无源射频标签采用跳频工作模式，具有抗干扰能力，用户可自定义读写标准数据，让专门的应用系统效率更高，一般工作距离不长，不适合远距离识别。因此，需要阅读器端发过来的射频信号能量激活标签后才能进行各种操作。平时用的公交卡、银行卡、小区门禁卡都是无源 RFID，识别距离都比较短，电源使用寿命相对较长。表 2-3 所列是不同能量方式的 RFID 系统。

表 2-3　不同能量方式的 RFID 系统

性　能	无　源	半有源	有　源
能量来源	从阅读器发射的连续波中获得	内置电源仅为电路供电	内置电源
通信方式	反向散射通信(RTF)	主动通信(RFT)	双向通信(TTF)
工作频段	全频段	超高频	微波与超高频段
识别距离	0.1～7 m	50 m	可达 120～150 m
成本	低	中	高

2.1.3.5　按应用场景分类

(1)门禁系统：通过 RFID 技术，可以实现对人员身份的准确识别和进出场景的精确控制，提高安全性和管理效率。门禁系统还可以记录出入情况，方便后续的数据分析和审计。此外，可以通过门禁系统实现不同权限的管理，确保特定区域只有授权人员可进入。

(2)物流追踪：利用 RFID 技术，可以实现对货物的实时跟踪和位置监控，提高物流运输的效率和可视化管理水平。物流追踪系统可以帮助企业准确掌握货物的流动情况，及时发现和解决物流环节中的问题，优化供应链管理。

(3)资产管理：RFID 技术可应用于资产管理，通过对设备、工具等资产标记 RFID 标签，实现资产信息的自动化采集和管理。资产管理系统可以帮助企业实时监控资产的状态和位置，提高资产利用率和管理效率。同时，还能够简化资产盘点过程，降低人力成本。

(4)零售支付：利用 RFID 技术，顾客可以通过无接触式支付方式快速结账，提高购物体验和效率。将 RFID 标签嵌入商品中，当商品通过 RFID 读写器时,系统自动扣除相应款项,简化了传统收银流程。这种支付方式还可以降低盗窃风险,提升支付安全性,是零售行业的一项重要创新。

(5)生产制造:RFID 技术在生产制造领域的应用可以实现对生产线上零部件和产品的实时跟踪和监控。通过在零部件和产品上植入 RFID 标签,可以精确记录其在生产流程中的位置和状态,从而实现自动化的生产流程控制和质量管理。这有助于提高生产效率、降低生产成本,并确保产品质量达标。

(6)医疗保健:RFID 技术在医疗保健领域的应用涵盖医院管理、患者追踪、药品管理和医疗设备追踪等方面。通过在医疗用品、设备和患者身上植入 RFID 标签,可以实现对其实时位置和状态的监控,提高医疗服务的效率和质量。这项技术可以帮助医院精确管理资源、优化工作流程,并提升医疗服务的水平。

(7)农业领域:RFID 技术在农业领域的应用包括农作物追踪、动物识别和农场管理等方面。通过在农产品和动物身上植入 RFID 标签,可以实现对其生长、运输和销售过程的实时监控,提高农业生产的智能化水平和管理效率。这有助于农民精准管理农业资源、提高农产品质量,并优化供应链管理。

(8)智能交通:RFID 技术在智能交通领域的应用主要体现在车辆识别、智能收费和停车管理等方面。通过在车辆上安装 RFID 标签,可以实现对车辆的快速识别和信息采集,从而提高交通运输系统的智能化和管理效率。这项技术可以帮助缓解交通拥堵、优化路况管理,并提升交通运输的安全性和便利性。

(9)文物保护:RFID 技术在文物保护领域的应用非常有益。通过在文物上嵌入 RFID 标签,可以实现对文物信息的一对一关联,并追踪其位置和移动情况。这可防止文物被盗或流失,并简化了文物的管理和归档过程。此外,RFID 技术还可以记录文物的历史和维护信息,为文物保护工作提供更准确、高效的数据支持。

(10)环境监测:RFID 技术在环境监测和管理方面具有应用潜力。通过将 RFID 标签应用于环境监测设备和传感器上,可以实现对气候变化、水质监测、物种追踪等环境参数的实时监测和数据采集。这有助于科学家和环保人士更好地了解环境变化趋势,及时采取措施保护生态系统。RFID 技术还可以提高监测设备的管理效率,降低监测成本,为环境保护工作提供更加精准的数据支持。

2.1.4 RFID 技术的特点

RFID 技术作为一种先进的自动识别技术,在企业信息系统中具有许多特点,这些特点使其在实践中得到了广泛的应用。以下是 RFID 技术的主要特点：

（1）无线识别：RFID 技术采用无线通信方式进行物体识别，无须人工干预，可以实现自动、快速、远距离的识别和跟踪。

（2）非接触式识别：RFID 技术可以在不接触物体的情况下进行识别，适用于各种环境和场景，不受物体形状、大小和表面特性的限制。

（3）多标签识别：RFID 系统可以同时识别多个标签，实现多物体的同时识别和跟踪，提高了识别效率和系统的并发处理能力。

（4）信息存储能力：RFID 标签内置存储芯片，可以存储各种类型的数据，如物体的标识信息、生产批次、过程参数等，丰富了识别对象的信息量。

（5）实时监测：RFID 技术能够实现对物体的实时监测和追踪，可以及时获取物体的位置、状态和运动轨迹等信息，为企业管理提供了实时数据支持。

（6）高可靠性：RFID 系统具有较高的识别准确率和稳定性，不受环境干扰和外界条件的影响，能够在恶劣环境下工作。

（7）适用广泛：RFID 技术适用于多种场景和行业，包括物流管理、供应链管理、库存管理、资产跟踪、零售管理等，具有广泛的应用前景。

（8）可编程性：RFID 标签和阅读器具有一定的可编程性，可以根据实际需求进行定制和配置，满足不同应用场景的需求。

（9）信息安全：RFID 技术支持数据加密和访问控制机制，能够确保识别数据的安全性和隐私性，防止数据被未经授权访问和篡改。

综上所述，RFID 技术具有无线识别、非接触式识别、多标签识别、信息存储能力、实时监测、高可靠性、适用广泛、可编程性和信息安全等特点，这些特点使其成为现代企业信息系统中不可或缺的重要组成部分。

2.2　RFID 的定位算法

室内定位技术主要用于获取在室内的目标物体的位置信息，常见的有 Wi-Fi 定位、地磁定位、蓝牙定位、超声波定位、红外线定位和 RFID 定位等。RFID 技术已广泛应用于自动识别和跟踪领域、室内环境中的小商品级产品的管理领域、复杂室内环境高精度定位领域等。它具有非接触、非视距、高灵敏度、成本低、体积小、扫描快速等优点，已经成为全球定位系统的重要组成部分。RFID 技术在室内定位方面有广泛的应用前景。

2.2.1　定位算法分类

RFID 技术在定位方面有多种算法,主要根据定位原理和实现方法进行分类。以下是常见的 RFID 定位算法分类。

2.2.1.1　信号强度定位算法

基于信号强度的定位算法是一种常见的定位方法,它通过测量 RFID 标签收到的信号强度来确定标签的位置。

这种算法常用于基于接收信号强度指示(received signal strength indication,RSSI)的三角定位方法,可利用多个阅读器的信号强度信息来计算标签的位置。

2.2.1.2　到达时间定位算法

到达时间(time of arrival,TOA)定位算法是通过测量 RFID 信号从阅读器到标签的传输时间来确定标签位置的方法。

这种算法常用于基于超宽带(ultra with band,UWB)或脉冲调制技术的定位系统中,精度较高但需要高精度的时钟同步和复杂的信号处理。

2.2.1.3　到达时间差定位算法

到达时间差(time difference of arrival,TDOA)定位算法是通过测量多个阅读器之间信号到达时间的差异来确定标签位置的方法。

这种算法常用于多基站定位系统中,通过多个基站之间的信号差异计算标签位置,具有较高的定位精度和鲁棒性。

2.2.1.4　角度定位算法

角度定位算法是通过测量标签与阅读器之间的相对角度来确定标签位置的方法。

这种算法常用于基于方向性天线的定位系统中,通过多个阅读器之间的角度信息计算标签的位置,适用于需要精确方向信息的应用场景。

2.2.1.5　指纹定位算法

指纹定位算法是通过事先采集一系列位置标签的信号强度数据,并构建一个位置指纹数据库,然后根据当前收到的信号强度数据匹配最相似的位置指纹来确定标签位置。

这种算法适用于复杂的环境和场景,能够提供较高的定位精度,但需要大量的离线数据采集和处理。

2.2.1.6　混合定位算法

混合定位算法是将多种定位方法结合起来,以克服各种方法的局限性,提高定位精度和鲁棒性。

这种算法可以根据实际需求选择不同的定位方法进行组合,适用于复杂多变的环境和应用场景。

通过以上分类,可以根据不同的定位需求和环境条件选择合适的 RFID 定位算法,以实现对标签位置的精准定位。

2.2.2　基于测距的定位算法

基于测距的定位算法是一种常用的 RFID 定位方法,它通过测量标签与阅读器之间的信号传输时间或信号强度来计算标签的位置。常见的信号传播模型测距方法包括到达时间(TOA)测距、到达时间差(TDOA)测距、到达角度(AOA)测距、功率到达(power of arrival,POA)测距和基于接收信号强度指示(RSSI)的指纹定位法。常用的 RFID 定位算法分类如图2-4所示。

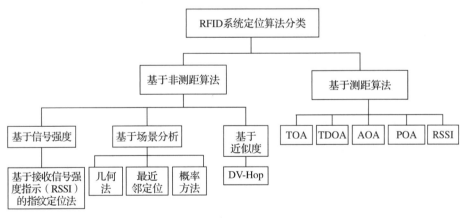

图 2-4　RFID 定位算法分类

2.2.2.1　TOA 定位算法

这种方法通过测量标签信号从阅读器发出直至返回阅读器所耗费的时间,据此计算出距离,随后依据多个阅读器之间的距离,运用三角定位原理确定标签所处的位置。具体而言,当一个标签与至少三个阅读器进行通信时,可以通过标签和每个阅读器之间的信号传播时间差来计算标签与每个阅读器之间的距离。然后,利用多个阅读器之间的距离信息,采用三角定位法或多边定位法来确定标签的准确位置。图 2-5 所示为 TOA 定位算法示意。

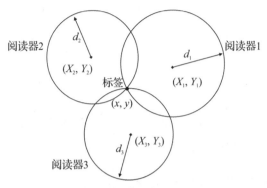

图 2-5 TOA 定位算法示意

如图 2-5 所示,已知信号的传播速度为 c,信号的传播时间为 Δt,阅读器和标签的距离为 d,令标签的坐标为 x,y,设共有 i 个阅读器,则每个阅读器的坐标为 (X_i, Y_i),每个阅读器到标签的传播时间记为 Δt_i,每个阅读器到标签的距离记为 d_i,故可以表示为 $d_i = c \cdot \Delta t_i$,由此联立方程组:

$$\begin{cases} \sqrt{(X_1 - x)^2 + (Y_1 - y)^2} = d_1 \\ \sqrt{(X_2 - x)^2 + (Y_2 - y)^2} = d_2 \\ \sqrt{(X_3 - x)^2 + (Y_3 - y)^2} = d_3 \\ \quad\quad\vdots \\ \sqrt{(X_i - x)^2 + (Y_i - y)^2} = d_i \end{cases} \tag{2-1}$$

在理想情况下,标签位置可以被准确地确定为阅读器发射的信号与标签接收到的信号的交点。然而,在实际情况下,由于标签与阅读器之间的通信需要保持同步,所以在信号传输和接收过程中时间的精确性至关重要。如果时间同步出现偏差,可能导致标签与阅读器之间的信号不相交,从而无法准确确定标签位置。因此,在应用该算法时,需要特别注意保持时间同步的准确性,以确保标签位置的准确性。此外环境的复杂多变使得加性噪声和多径信号可能会影响这种算法的定位性能。

2.2.2.2 TDOA 定位算法

TDOA 定位算法是在 TOA 定位算法的基础上产生的新的定位算法,它是对信号到达时间的一种改进，基于计算电磁信号到达的时间差来进行定位。
TDOA 的基本思想是使用解析几何的双曲线模型，检测标签的信号发送到多
个阅读器的时间差来建立双曲线方程组，从而得到标签的位置信息。与 TOA
相比，TDOA 不需要保证每个测量装置之间的时间同步，因此大大简化了系统
在时间控制方面的复杂性。TDOA 定位算法主要通过两种方式获得系统时间
差。一是直接利用两个阅读器的 TOA 相减取得；二是利用两个阅读器接收
信号相关性的方式取得。这里主要介绍第一种方法，如图 2-6 所示。

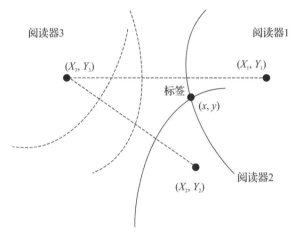

图 2-6　TDOA 定位算法示意

已知根据 TOA 定位算法，可得到每个阅读器到标签的距离为 $d_i = \sqrt{(X_i-x)^2+(Y_i-y)^2}$，则可以用 $\Delta d_{i,1}$ 来表示标签与第 i 个阅读器的距离减去标签与第一个阅读器的距离得到的差值。

$$\begin{aligned}\Delta d_{i,1} &= d_i - d_1 \\ &= \sqrt{(X_i-x)^2+(Y_i-y)^2} - \sqrt{(X_1-x)^2+(Y_1-y)^2}\end{aligned} \tag{2-2}$$

至少需要三个阅读器才能实现联立，组成非线性方程组。

$$\begin{cases}\Delta d_{2,1} = d_2 - d_1 = \sqrt{(X_2-x)^2+(Y_2-y)^2} - \sqrt{(X_1-x)^2+(Y_1-y)^2} \\ \Delta d_{3,1} = d_3 - d_1 = \sqrt{(X_3-x)^2+(Y_3-y)^2} - \sqrt{(X_1-x)^2+(Y_1-y)^2}\end{cases} \tag{2-3}$$

求解以上的方程组，即可得到标签的位置坐标。由于 TDOA 定位算法采
用的是到达时间差而不是直接对时间的测量值，使得定位系统对时钟同步的
要求不如 TOA 定位算法高，若要实现高精度的定位仍然需要高精度的时钟同
步。另外，TDOA 定位算法组网不方便，不容易搭建大型复杂的定位系统。

2.2.2.3 AOA 定位算法

AOA 定位算法是通过阵列天线检测目标发射信号的到达角度,从而形成从接收方到目标的方位线,实现定位。通过计算两个阅读器与标签之间路径的交点,即可得到目标的位置信息。图 2-7 所示是 AOA 定位算法示意。

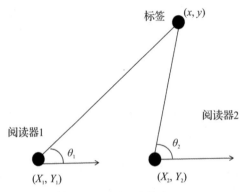

图 2-7 AOA 定位算法示意

如图 2-7 所示,使用双天线的 AOA 存在两个接收角度分别为 θ_1 和 θ_2,则存在

$$\begin{cases} \tan\theta_1 = \dfrac{y - Y_1}{x - X_1} \\ \tan\theta_2 = \dfrac{y - Y_2}{x - X_2} \end{cases} \tag{2-4}$$

求解上述的方程组,可以得到标签的位置坐标。AOA 系统结构相对简单,但要求天线阵列具有较高的灵敏度和较高的空间分辨率,因此对硬件的要求很高,需要复杂的硬件设备。而且在非视距传播环境下,定位精度受到加性噪声多径效应的影响很大,该方法在实际中并不常用。

2.2.2.4 POA 定位算法

POA 定位算法是一种新型的定位技术,它是利用接收端对发射端依次产生的不同频率的信号的相位测量,根据相位差来计算两者距离的方法。将计算的距离结果代入 TOA 或 TDOA 求解模型中,从而得到目标的位置信息。在实际定位过程中,阅读器通常配备智能天线获取多路的相位差信息以实现自身定位或对电子标签的定位。POA 定位算法方便实现组网,进行节点间的通信。与基于时间的 TOA/TDOA 定位的方式相比,因为距离信息由相位而不是时间获得,POA 定位对时间的同步要求不高,有利于降低时间精度对定位效果的影响。POA 定位算法的不足之处是对于频段过高的信号,其波长较短会导致其最大测距范围受到限制。当实际测距范围大于信号波长时,在相位提取过程中存在整周期模糊度问题。目前基于 AOA 的 POA 定位算法研究逐渐成为当前 RFID 定位技术的新动向。

2.2.2.5　RSSI 定位算法

RSSI 通过测量标签接收到的信号强度来估计标签与阅读器之间的距离。信号强度通常与距离成反比,即距离越远,信号强度越弱。因此,可以利用标签接收到的信号强度与距离之间的经验关系来估计标签与阅读器之间的距离。然后,类似于基于到达时间的定位方法,可以利用多个阅读器之间的距离信息来确定标签的准确位置。

基于测距的定位算法具有一定的优势和局限性。优势在于可以实现较高的定位精度和准确性,尤其适用于需要高精度定位的场景。然而,它也存在一些局限性,如对环境影响敏感、需要多个阅读器进行部署、算法复杂度较高等。因此,在实际应用中需要根据具体场景和需求综合考虑选择合适的定位算法。表 2-4 所列是 RFID 常用测距方法优缺点分析。

表 2-4　RFID 常用测距方法优缺点分析

定位算法	优　点	缺　点
TOA	定位精度高	标签和阅读器需要同步,环境的复杂性会导致多径效应降低系统定位精度
TDOA	定位精度高,且节点间不需要时间同步,并且解决了硬件延迟问题	要求所有的阅读器同步,阻挡物和空间的复杂性使得阅读器可能接收不到标签发出的信号,还会受到多径效应和噪声的影响
AOA	定位精度比较高	由于要增加阵列天线,使用成本高
POA	成本低,功耗小,精度高,不需要时间同步	对于频段过高的信号,测距范围有限制
RSSI	搭建 RFID 定位系统较便利,使用广泛	定位精度不高,阅读器在接收信号时易受干扰,有阻挡物会导致较严重的非视距效应

2.2.3　基于非测距的定位算法

基于非测距的定位算法是一种不需要直接测量标签与阅读器之间距离的方法,而是利用标签与阅读器之间的其他特征或信息来实现定位。这些算法通常基于标签和阅读器之间的信号传播特性、拓扑结构或者其他环境因素来推断标签的位置。以下是几种常见的基于非测距的定位算法。

2.2.3.1 基于接收信号强度指示(RSSI)的指纹定位

这种方法利用已知位置处的阅读器接收到的信号强度构建一个指纹数据库。然后,当标签发送信号时,将阅读器接收到的信号强度与指纹数据库中的数据进行匹配,从而确定标签的位置。

2.2.3.2 几何法

几何法基于多个阅读器之间的位置关系和信号传播路径来推断标签的位置。通过分析标签与多个阅读器之间的几何关系,如角度、距离、信号到达时间等,可以推断标签的位置。几何法包括质心算法、APIT 定位算法等。

(1)质心算法是一种通过网络连通性估计待定位标签位置的方法,通过比较各阅读器接收到的参考标签和待定位标签的值,根据待定位标签的信号强度值确定 k 个近邻参考标签,这 k 个近邻参考标签可确定一个多边形,则将此多边形的质心作为待定位标签的位置。根据式(2-5)可得到标签的位置坐标,如图 2-8 所示。

$$(x,y) = \frac{1}{k} \sum_{i=1}^{k} (X_i, Y_i) \tag{2-5}$$

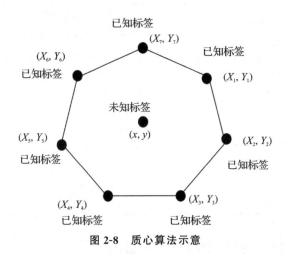

图 2-8　质心算法示意

(2)APIT 定位算法也称为近似三角形内点测试法。此算法同样基于近邻参考标签,并且每三个参考标签组成一个三角形,则系统就可以构建出若干个由参考标签组成的三角形,并认定待定位标签处在这些三角形的交集内,将交集的重心估计为待定位标签的位置,如图 2-9 所示。

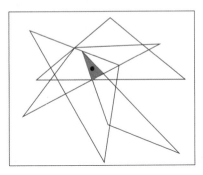

图 2-9　APIT 定位算法示意

2.2.3.3　最近邻定位

最近邻定位算法基于标签与周围阅读器的连接情况来确定标签的位置。通常,标签会连接到距离最近的阅读器,因此可以通过分析标签与阅读器之间的连接关系来确定标签的位置。

KNN 算法是一种常用的估算方法,在 RFID 系统中 KNN 非测距定位算法需要系统选取 k 个近邻参考标签对待定位标签进行位置估计。它与质心定位原理相似,不同的是,KNN 算法不是简单地对近邻参考标签的坐标求算术平均值,而是根据参考标签与待定位标签的 RSSI 值,赋予各个近邻参考标签位置不同的权重 w。根据式(2-6)可得到待测标签的位置坐标,其中 w_i 表示第 i 个近邻参考标签的权重。通常,权重越大反映了该参考标签与待测标签的实际距离越近,基于 KNN 算法的典型算法有 LANDMARC 算法与 VIRE 算法,这里不再具体介绍。

$$(x,y) = \frac{1}{k} \sum_{i=1}^{k} w_i (X_i, Y_i) \tag{2-6}$$

2.2.3.4　概率方法

概率方法利用贝叶斯推理或其他概率模型来估计标签的位置。通过分析标签与阅读器之间的信号传播模型和环境特征,可以基于概率推断出标签的可能位置。

2.2.3.5　DV-Hop 算法

DV-Hop 算法类似于计算机网络中经常使用的距离矢量路由算法。它的算法主要分为两步：第一步是获得网络中任意两个节点的最小跳数值，第二步是根据空间大小估计每一跳代表的平均距离，然后广播此值，当节点接收到周围不少于 3 个点的估计值，就能够通过三边定位估计出自身所在位置。此算法的第一步是实现通过几个参考节点依次向网络广播一个包含参考点位置和起始值为 1 的跳数的信标，每转发一跳，此信标的值就加 1，非参考节点保存同一参考节点到其跳数最小的信标，泛洪传播后，系统中所有点就能够获得每个参考点的最小跳数。此算法对设备要求低，设备能够实现通信转发即可，实现起来简单。这种算法的劣势是实时性较低，当节点位置变化时，位置更新需要再次广播。同时，由于环境和节点个数的影响，用跳数代表直线距离会出现较大误差，导致定位精度不高。

基于非测距的定位算法通常具有较低的硬件要求和实施成本，并且可以在复杂的环境中实现定位。然而，由于缺少直接的距离信息，这些算法可能会受到环境噪声、信号衰减等因素的影响，定位精度可能不如基于测距的定位算法。因此，在选择定位算法时需要综合考虑系统要求、环境特点和应用场景，选择合适的算法来实现标签的准确定位。

2.3　RFID 的防碰撞算法

RFID 是一种利用无线电信号传输数据的技术，它能够在没有直接接触的情况下自动识别标签或标记上的信息。这项技术通过在标签和阅读器之间进行无线通信，实现了对物体的唯一标识和数据传输。然而，在现实世界中，可能会出现多个标签同时处于 RFID 阅读器的范围内的情况，这就需要采用防碰撞算法来确保正确读取这些标签数据。防碰撞算法是一种设计用于处理同时接收到多个标签信号的技术。这些算法通过巧妙的时间或空间分配来避免标签之间的干扰和碰撞，以确保每个标签的数据都能够被准确读取。RFID 技术在防碰撞算法方面，可以结合强化学习和深度学习等人工智能技术来提高效率和性能。

近年来，强化学习不断应用于防碰撞算法。强化学习可以用于优化防碰撞算法的决策过程。通过训练智能体（agent），使其能够根据环境和收到的奖励信号来学习最优的标签访问顺序或时间分配策略。智能体可以通过与环境的交互来不断改进策略,以提高标签识别的效率和准确性。

同时,深度学习技术在标签识别中应用广泛,特别是卷积神经网络(covollitional neural networks,CNN)和循环神经网络(recurrent neural networks,RNN),可以用于提取和识别 RFID 标签传感器数据中的特征。通过在大量数据上进行训练,深度学习模型可以学习到更加复杂的特征表示,从而提高标签识别的准确性和鲁棒性。而且深度强化学习在动态环境中也发挥着重大作用。在动态环境中,如果标签数量不断变化或环境条件不断变化,深度强化学习可以结合强化学习和深度学习的优势,实现更加灵活和自适应的防碰撞算法。深度强化学习模型可以学习到适应不同环境和条件的最优策略,从而提高系统的稳定性。此外,深度学习技术也可以应用于 RFID 数据的预处理和增强。例如,利用卷积神经网络对 RFID 数据进行噪声过滤和特征提取,或者使用生成对抗网络(generative adversarial network,GAN)生成具有更高质量的 RFID 数据样本,从而提高识别算法的鲁棒性。

综上所述,将强化学习、深度学习或其他人工智能技术应用于 RFID 的防碰撞算法中,可以提高系统的智能化程度和适应性,从而进一步提高 RFID 系统的效率、准确性和可靠性。

本节将从防碰撞算法分类、防碰撞随机性算法、防碰撞确定性算法等方面展开。

2.3.1　防碰撞算法分类

RFID 系统中的防碰撞算法用于解决多个标签同时被读取时可能发生的碰撞和冲突问题。这些算法旨在有效地识别和区分多个标签,并确保每个标签都能够被成功地读取。根据其工作原理和策略的不同,防碰撞算法可以分为以下几类:

2.3.1.1　基于时隙的防碰撞算法

这种算法将时间划分为一系列的时隙,每个时隙内只允许一个标签进行通信。通常采用的是二分多址(binary multiple access ALOHA)或其他类似的时隙分配策略,通过在不同时隙内对标签进行分组和识别,以最小化碰撞发生的概率,并提高系统的吞吐量。

(1)帧时隙 ALOHA(frame slotted ALOHA)算法:帧时隙 ALOHA(FSA)算法是在时隙 ALOHA 算法的基础上提出的。由于碰撞标签频繁再次发送,时隙 ALOHA 算法存在时隙浪费的情况。帧时隙 ALOHA 算法进一步对时间域做了离散化,将部分时隙作为一帧,并且向标签发送帧长信息,每个标签可以随机选择帧中的任何一个时隙来发送数据。如果一个时隙中只有一个标签发送了数据,那么阅读器可以成功读取这个标签的信息,若存在多个标签信息,阅读器无法正确识别是哪一个标签的数据,必须等到下一帧开始时才能进行再读取。图 2-10 所示是帧长为 3 的帧时隙 ALOHA 算法的模型。

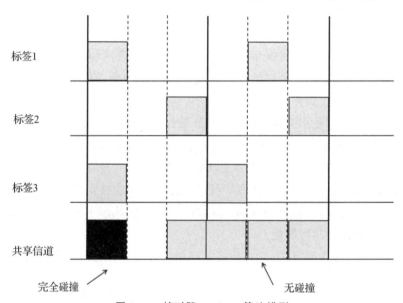

图 2-10　帧时隙 ALOHA 算法模型

帧时隙 ALOHA 算法的实现过程要求众多标签在每一帧的多个时隙中随机选择一个,而每一个时隙被选择的概率相等,因此,帧时隙 ALOHA 算法的实现过程符合二项分布的规律,而二项分布的概率分布函数满足公式:

$$P = C_n^k \, p^k \, (1-p)^{n-k} \tag{2-7}$$

其中,n 表示试验次数,k 表示 n 次当中成功的次数,p 表示每一次成功的概率。

结合帧时隙 ALOHA 算法的实际场景,设帧长为 L,即一帧内一共有 L 个时隙,式(2-7)中的 n 表示标签总数,k 表示同时选择一个时隙的标签个数,p 表示帧内时隙被标签选择到的概率。那么 p 与 L 满足如下关系:

$$p = \frac{1}{L} \tag{2-8}$$

在帧时隙 ALOHA 算法实现过程中,对于帧内的每个时隙,$k=0$ 为空时隙,$k=1$ 为成功时隙,$k>1$ 为碰撞时隙,设全过程成功时隙的期望值为 ξ,那么根据二项分布，ξ 满足公式：

$$\xi = LP(k=1) = n\left(1-\frac{1}{L}\right)^{n-1} \tag{2-9}$$

因此，帧时隙 ALOHA 算法的吞吐率 S 和 n、L 的关系满足公式：

$$S = \frac{\xi}{L} = \frac{n}{L}\left(1-\frac{1}{L}\right)^{n-1} \tag{2-10}$$

固定帧时隙 ALOHA(fixed framed slotted ALOHA，FFSA)算法是帧时隙算法的一种形式，其中每帧的时隙数是固定的。对于式(2-10)，设定帧长 L 的几个定值：16、32、64、128、256，分别得到 S 与 n 的关系如图 2-11 所示。从图中可发现规律：标签数与帧长越接近，吞吐率越高；当标签数小于帧长时，吞吐率随着标签数的增加而增加，当标签数超过帧长后，吞吐率开始下降，并且帧长越小，下降幅度越明显，而总体吞吐率均不超过 0.4。为了验证式(2-9)的关系，在 MATLAB 环境下，模拟帧时隙 ALOHA 算法的过程，得到图 2-12 的结果。从仿真结果分析，在忽略试验误差的情况下，仿真结果与根据式(2-9)得到的关系图是吻合的。由此可见，固定帧时隙 ALOHA 算法的帧长与标签数越接近，算法的吞吐率越高。

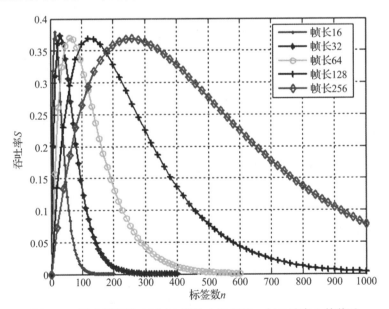

图 2-11　固定帧时隙 ALOHA 算法中标签数 n 与吞吐率 S 的关系

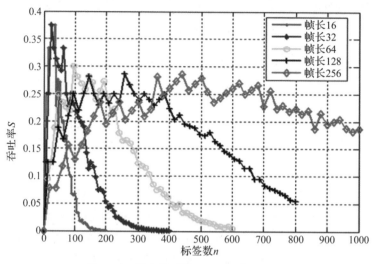

图 2-12　固定帧时隙 ALOHA 算法仿真

　　帧时隙 ALOHA 算法由于帧大小固定,因此运用简单易行。虽然此算法依然存在碰撞的问题,但控制了碰撞的标签到下一帧再进行发送,解决了时隙 ALOHA 算法在标签数量大时效率低的缺点。此算法的缺点是阅读器与标签需要同步机制,并且鉴别标签的效率不高,假设有多个标签在所有的时隙都发生碰撞,阅读器将无法识别任何一个标签的数据,即使这个过程无限循环,阅读器也无法成功读取任何标签。

　　(2)动态帧时隙 ALOHA 算法:虽然帧时隙算法相较之前的算法有了一定的改进,性能也有了相应提高,但是帧长是固定的,帧长的选择也是影响吞吐率的重要因素。帧长过小会导致标签碰撞的概率增大,帧长过大又会导致有很多时隙被浪费,从而影响了整个系统的通信效率。动态帧时隙算法就是从这个方面对帧时隙 ALOHA 算法做了改进,相对于固定帧时隙 ALOHA 全程使用一个固定的帧长,动态帧时隙 ALOHA 算法能够做到根据上一轮待识别的标签数量,使用适当的标签估算方法(如 LowerBound、Schoute 和 Vogt 算法),估算下一轮识别时需要的帧长,使得帧长和待识别的标签数量能够尽可能地接近,从而提高系统的吞吐率。

　　对动态帧时隙 ALOHA 算法的分析主要针对三种预测方法的效果,以及相对于固定帧时隙 ALOHA 算法的算法吞吐率变化情况来进行。在 MATLAB 环境下,模拟使用三种标签预测方法的动态帧时隙 ALOHA 算法,观察它们各自的吞吐率变化。

　　图 2-13 展示了在 MATLAB 环境下,使用 LowerBound、Schoute 和 Vogt

三种标签估算方法的动态帧时隙 ALOHA 算法仿真结果,并增加了直接使用标签真实值的对照试验。仿真结果显示,在忽略误差后,动态帧时隙 ALOHA 算法的吞吐率相比固定帧时隙 ALOHA 算法明显提高,特别是标签数在 400

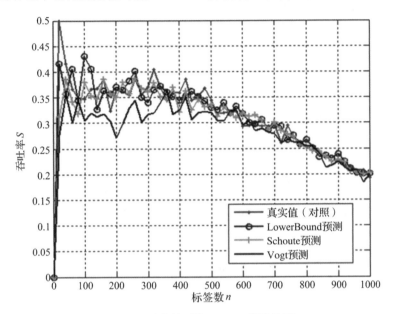

图 2-13　动态帧时隙 ALOHA 算法仿真

以内,并且使用 LowerBound、Schoute 两种算法时,吞吐率能基本稳定在 $0.35\sim$ 0.4,甚至有高于 0.4 的情形出现,同时 Schoute 比 LowerBound 效果稍稳定。另外,在标签数量较少时,使用 LowerBound、Schoute 两种算法的吞吐率会比使用 Vogt 算法高,而随着标签数量增加,三种估算方法的差别逐渐减小,所有线条渐渐并拢。总之,动态帧时隙 ALOHA 算法相对于固定帧时隙 ALOHA 算法有了明显的改进,但是,不论使用何种标签预测方法,当标签数量增加时,算法的吞吐率会逐渐下降,但还是有改进的空间。ALOHA 算法具有一定的随机性,也有可能发生标签漏读的情况,因此该算法的性能也不是最优的。

2.3.1.2　基于询问-响应的防碰撞算法

这种算法通过阅读器向一组标签发送询问命令,然后标签依次响应。根据标签的响应情况,阅读器可以进一步识别和区分每个标签,从而避免碰撞。常见的基于询问-响应的防碰撞算法包括 ALOHA、串行搜索(binary search)和二元切分(binary splitting)等。

2.3.1.3　基于空间的防碰撞算法

这种算法利用标签之间的空间位置关系来避免碰撞,通常通过部署多个阅读器和天线以覆盖整个区域,并利用空间多路复用技术(spatial multiplexing)来识别和区分标签。基于空间的防碰撞算法可以提高系统的并发性和吞吐量,并降低碰撞的发生概率。

2.3.1.4　混合型防碰撞算法

这种算法结合了多种不同的防碰撞策略,根据具体的应用场景和需求灵活选择。例如,可以将基于时隙的算法与基于询问-响应的算法相结合,以兼顾系统的效率和性能。

在实际应用中,这些防碰撞算法会根据具体的场景和需求,选择恰当的算法组合和参数配置,以实现对多个标签的高效识别和区分,确保 RFID 系统的稳定性和性能。

2.3.2　防碰撞随机性算法

防碰撞随机性算法是一类常见的用于解决 RFID 系统中标签碰撞问题的算法。这些算法通过引入随机性和概率性来避免或减少多个标签同时被读取时可能发生的碰撞情况。以下是一些常见的防碰撞随机性算法。

2.3.2.1　基于 ALOHA 的随机接入算法

ALOHA 是一种随机接入协议,常用于解决多个标签同时被读取时的碰撞问题。在基于 ALOHA 的防碰撞算法中,每个标签在需要进行通信时会随机选择一个时间窗口进行响应,如果发生碰撞,则在下一个时间窗口重新尝试。通过引入随机性,可以降低碰撞的概率,并提高系统的吞吐量。

2.3.2.2　二元切分算法

二元切分算法是一种基于询问-响应的防碰撞算法,通过反复将标签集合切分成两半,并在每次切分时询问其中一半的标签是否响应,然后根据响应情况决定下一步操作。通过二元切分的方式,可以有效地减少碰撞发生的可能性,并快速地识别和区分标签。

2.3.2.3　QR-ALOHA 算法

QR-ALOHA(quorum-based random ALOHA)是一种结合了 ALOHA 和二元切分的防碰撞算法。在 QR-ALOHA 算法中,标签被分为多个组,并在每个时间窗口中随机选择一个组进行响应,然后根据响应情况进行进一步的划分和选择。这种算法可以有效地降低碰撞发生的概率,并提高系统的效率。

防碰撞随机性算法通过引入随机性和概率性,有效地避免了多个标签同时被读取时可能发生的碰撞问题,提高了系统的性能。在实际应用中,可根据具体的场景和需求进行算法的选择和配置,以达到最佳的防碰撞效果。

2.3.3　防碰撞确定性算法

防碰撞确定性算法是一类用于解决 RFID 系统中标签碰撞问题的算法,与防碰撞随机性算法不同,这些算法采用确定性的方法来管理标签之间的冲突,以确保每个标签都能够被成功地读取。以下是几种常见的防碰撞确定性算法。

2.3.3.1　二进制搜索算法

二进制搜索算法(binary search algorithm)是一种基于询问-响应的防碰撞算法,它将标签进行排序,并使用二进制搜索的方式逐步识别和区分每个标签。算法开始执行时,将标签集合分成两半,并询问每一半的标签响应。然后根据响应情况决定下一步操作,继续将未被识别的标签集合分成两半,直到所有标签都被成功地识别和区分。

2.3.3.2　特定规则分割算法

这种算法通过特定的规则和策略将标签集合进行分割,以确保每个标签都能够被成功地读取。例如,可以根据标签的标识信息、特征或其他属性将标签进行分组,然后采用不同的读取顺序或策略逐个读取每个分组中的标签。

2.3.3.3　基于分组的算法

基于分组的算法将标签集合划分为多个组,并使用特定的分组策略来避免碰撞和冲突。例如,可以根据标签的通信距离、信号强度或其他特征将标签分组,然后按照不同的组别或顺序逐个读取标签。

防碰撞确定性算法通过确定性的方法避免标签之间的冲突,可以提高系统的稳定性和可预测性。然而,与防碰撞随机性算法相比,这些算法可能会导致系统的效率较低,尤其在标签数量较大或通信环境复杂的情况下。因此,在选择防碰撞算法时需要根据具体的场景和需求综合考虑,选择合适的算法来实现标签的高效识别和区分。

2.4 RFID 中间件在企业信息化中的作用

RFID 在企业信息化中扮演着重要的角色,它为企业提供了一种高效、智能的物联网解决方案,能够帮助企业实现生产、物流、库存和资产管理的自动化和智能化。以下是 RFID 在企业信息化中的几个主要作用:

(1)实时跟踪和定位:RFID 技术能够实现对物体的实时跟踪和定位,帮助企业了解物流和生产过程中物品的位置和状态。通过实时监控和追踪,企业可以更准确地掌握物流运输进程、生产进度和资产位置,及时发现和解决问题,提高管理效率。

(2)自动化识别和数据采集:RFID 标签具有唯一的识别编码,可以在不接触物品的情况下自动识别和采集数据。这使得企业能够实现自动化的物品识别和数据采集,提高了生产、物流和库存管理的效率,并降低了人工操作的成本和错误率。

(3)库存管理优化:RFID 技术可以帮助企业实现实时、精准的库存管理。通过在物品上标记 RFID 标签,企业可以实时监控库存数量、位置和流动情况,准确把握库存水平,避免库存积压和断货现象,提高库存周转率和资金利用效率。

(4)供应链协同和优化:RFID 技术可以实现供应链各环节的信息共享和协同管理。通过在供应链上不同节点部署 RFID 系统,可以实现供应链物流流程的自动化和信息化,加强供应链各方的沟通与合作,提高供应链的响应速度和灵活性,降低运营成本。

(5)资产管理和追踪:RFID 技术能够帮助企业实现对固定资产和移动资产的管理和追踪。通过在资产上安装 RFID 标签,企业可以实时监控资产的位置、状态和使用情况,减少资产丢失和损坏的风险,提高资产利用率和管理效率。

综上所述,RFID 技术在企业信息化中具有重要的作用,能够帮助企业实现物流、生产、库存和资产管理的自动化和智能化,提高管理效率和服务水平,促进企业的可持续发展。

2.4.1　RFID 常见中间件介绍

2.4.1.1　RFID 软件的类型

软件在 RFID 系统中起到关键作用,根据其在系统中的功能和位置,RFID 软件可以划分为以下三大类别:

(1)前端软件:前端软件与电子标签直接互动,这类软件包括在阅读器中的软件、设备驱动和接口软件等。它们的主要任务如下:

①数据读写:能够读取和写入电子标签中的数据。

②防冲突:在多个电子标签同时进入阅读器的范围时,逐个识别并与之通信。

③安全保护:采用加密和认证措施,确保双向通信的数据安全。

④错误检测和纠正:确保数据交换的完整性和准确性。

(2)中间件:中间件作为连接前端和后端软件的关键组件,负责接收从前端软件采集的数据,并将其传递和分发给后端软件。同时,它也将后端软件的命令和数据发送回前端。在本节中,我们将重点探讨中间件的功能和特性。

(3)后端软件:后端软件负责处理由中间件传来的数据,并对这些数据进行管理和分析。它的功能主要有如下方面:

①电子标签数据管理:后端负责将从前端采集到的电子标签数据,如序列号、产品信息等,妥善存储到数据库中。这确保了物流、库存和追踪系统能够准确地识别和管理各种物品。

②数据处理与分析:后端软件不仅能对系统中的数据进行实时统计和分析,还能识别出趋势和模式,生成有针对性的报告,这些分析有助于企业优化运营和决策制定。

③与前端的协同工作:通过中间件,后端与前端建立稳固的通信桥梁,确保命令和数据的无缝传递。这使得系统能够响应快速变化的需求和指令。

④全面系统管理:除了核心功能外,后端还负责配置系统参数,管理用户的权限和信息,并维护系统的运行日志和报警日志,以确保系统的安全、稳定和高效运行。

⑤安全与备份:后端软件也负责确保数据的安全性和完整性,通过定期备份和数据加密等措施,保护关键信息免受损失或非法访问。

2.4.1.2　RFID 中间件概述

(1)中间件的基本概念。

中间件是一类基础软件,属于可复用软件的一种,它位于硬件平台和用户应用软件之间。作为一个在操作系统、网络和数据库之上，应用软件之下的层次，中间件的主要功能是为上层应用软件提供开发和运行的环境。它帮助用户更加灵活和高效地开发和整合复杂的应用软件。中间件不是单一的软件，而是一类软件，其核心特点是分布式处理和强大的网络通信能力。

（2）RFID 中间件的基本概念。

RFID 中间件起到了桥梁的作用，它不仅将从 RFID 阅读器获取的数据转化为易于业务处理的结构化格式，还确保了各种阅读器的即插即用兼容性和设备之间的高效协同工作。作为系统应用软件与阅读器之间的关键连接，它的核心职责包括数据的准确性校验、阅读器的协同管理、数据的高效传输和存储，以及与业务相关的数据处理和分析。这些功能使 RFID 中间件能够优化数据流程，提高系统性能，并为业务决策提供可靠的数据支持。

（3）RFID 中间件的功能和优势。

RFID 中间件的功能不仅限于数据传输和处理，还包括设备管理、数据过滤、数据聚合、数据转换和事件管理等。它能够对来自多个阅读器的数据进行整合和过滤，只将有效的数据传递给应用系统，减少数据处理的负担。此外，中间件可以根据预设规则检测特定事件（如标签进入或离开读取区域），并触发相应的操作，确保系统的实时性和响应能力。

在设备管理方面，中间件提供了对 RFID 阅读器的集中配置和监控功能，使得设备的初始设置和后期维护变得更加简单和高效。它还可以实时监控设备的运行状态，提供健康状况报告，便于及时发现并解决问题，确保系统的稳定性和可靠性。

RFID 中间件还支持标准化接口和协议，确保不同厂商的设备和应用系统能够无缝集成，增强系统的灵活性和扩展性。此外，中间件还提供数据加密、用户认证和访问控制等安全管理功能，确保数据的安全性和完整性，防止未经授权的访问和操作。

通过优化数据处理、简化设备管理和提高系统安全性，RFID 中间件显著提升了 RFID 系统的整体性能和应用价值，广泛应用于供应链管理、仓储管理和零售管理等领域。在供应链管理中，它能够实时跟踪物品流动，提供准确的库存信息；在仓储管理中，实现货物的自动识别、入库、出库和盘点，提高管理效率；在零售管理中，提供商品防盗、库存管理和顾客行为分析等功能，提升零售管理的智能化水平。

市场上的 RFID 中间件产品丰富多样，包括 IBM 的 WebSphere RFID Device Infrastructure、BEA 的 WebLogic RFID Edge Server、Oracle 的 Sensor

Edge Server、Sybase 的 RFID Anywhere 2.1、微软的 BizTalk RFID、Sun 的 Java System RFID Software、SAP 的 Auto-ID Infrastructure（AII）、Thing-Magic 的 Mercury4、Alien Technology 的 ATLAS RFID Middleware、Mojix 的 STARflex，以及 Impinj 的 ItemSense 等。这些产品各具特色，适用于不同的 RFID 应用需求和场景，为用户提供了广泛的选择。

（4）RFID 中间件的使用。

为了满足不同 RFID 系统的整合需求，提高业务效率和竞争力，RFID 系统的架构应具备一定的灵活性和可定制性。虽然 RFID 中间件在某些情况下是有用的，但它并不是所有 RFID 系统都必需的，其使用取决于系统的复杂性、规模和安全需求等因素，以下是几种常见的应用场景。

① 基础信息采集系统：如图 2-14 所示，这类系统主要由电子标签、阅读器和后端系统组成，通过外部接口直接连接，无须中间件的介入。这种系统结构简单、成本效益高、部署方便。后端系统通常专注于数据记录或与阅读器进行基本的命令交互。例如：门禁管理系统只需读取和更新门禁控制器的访问记录；而射频卡小额充值系统则通过串行口或 USB 直接与阅读器通信，进行充值等操作。在这些应用中，中间件提高了系统复杂性，还会增加额外成本，因此通常选择不使用 RFID 中间件。

图 2-14　基础信息采集系统

② 企业级 RFID 应用系统（图 2-15）：基础信息采集系统显然无法满足企业对生产物料和产品进行高效跟踪和管理的需求。企业内部的 RFID 应用面临诸多挑战。首先，由于各生产部门可能选择不同型号的 RFID 前端软件和阅读器，数据编码存在差异，数据量增大，使得为少量阅读器量身定制的软件的扩展性受限。其次，为了减少额外的开发和培训成本，企业的 RFID 后端应用系统需要与已有的管理信息系统紧密集成。

图 2-15　企业级 RFID 应用系统

　　因此,引入 RFID 中间件成为解决方案,其作为前端和后端之间的桥梁,参与构建了一个更加完善的企业级 RFID 应用系统。在与前端软件交互时,RFID 中间件能够统一管理所有阅读器,解决了不同协议和数据格式的问题,并进行数据过滤和清洗。在与后端系统交互方面,中间件能够从大量的 RFID 数据中提炼出有价值的信息,通过多种集成方式与企业的 ERP(enterprise resource planning,企业资源规划)、SCM(supply chain management,供应链管理)等管理系统实现无缝对接。这种方式不仅提高了系统的可扩展性和灵活性,还大大提高了数据处理和集成的效率。

　　③跨企业 RFID 应用系统:在全球化和高度竞争的物流和采购环境中,企业需要更高级的 RFID 解决方案来实现产品和物料的全面跟踪和管理。如图 2-16 所示,企业间的 RFID 应用系统构建在一个更为复杂的基础上。在这个环境下,企业希望能够利用 RFID 技术获取生产物料和产品的详细信息,这些信息不仅要能够在合作企业的内部信息系统中查询,还需要支持跨企业和跨行业的数据交互。

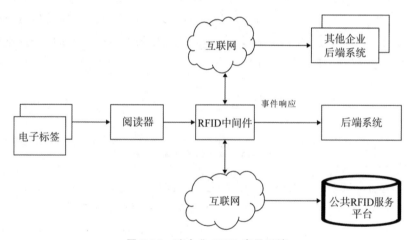

图 2-16　跨企业 RFID 应用系统

　　这样的需求意味着企业内部的存储和管理系统需要进行扩展和优化,以便更好地支持 RFID 电子标签数据的共享和集成,形成一个跨企业的 RFID 应用网络。为了实现这一目标,公共的 RFID 服务平台变得尤为关键,它可以开放到全球范围,支持物品信息的实时共享,为全球供应链提供即时准确的自动识别和跟踪功能,从而提高整个供应链的透明度和可见性。

　　总的来说,这三种 RFID 应用系统在复杂性、范围和功能上有所不同,但都是为了满足企业在不同业务环境下的需求和挑战而设计的。详细的对比分析可以参考表 2-5。

表 2-5　不同 RFID 应用系统的对比分析

类　别	结　构	特　点	应用场景
基础信息采集系统	电子标签、RFID 阅读器、后端系统	结构简单,对物品信息能实现自动采集、实时处理和监控,效率较高	本地部署的 RFID 系统,例如库存管理、门禁系统
企业级 RFID 应用系统	电子标签、阅读器、RFID 中间件、后端系统	基于 RFID 的应用系统与企业现有的信息系统(如 ERP、SCM 等)进行集成	企业内闭环 RFID 应用,例如生产流程控制、资产追踪
跨企业 RFID 应用系统	电子标签、阅读器、后端系统、公共 RFID 服务平台	支持不同企业之间应用系统和公共 RFID 服务集成	企业间开环 RFID 应用,例如基于公共服务的产业联盟合作、供应链协同

(5)RFID 中间件的分类。

RFID 中间件大致可以分为集成型中间件和独立型通用中间件两大类。

①集成型中间件:这种中间件是特别设计的,以便于在现有的软件框架中快速地集成 RFID 功能。它通常作为现有中间件解决方案的一个可选模块出现,这意味着它能够利用已有的系统基础设施和功能,从而大大减少开发和实施的时间。这样的设计确保了它的技术成熟度和稳定性,而且与现有系统的兼容性也非常好。然而,由于它通常是作为整体解决方案的一部分而出售的,这也可能意味着即使企业只需要中间件的一部分功能,他们也需要购买整套系统,如此可能会导致成本增加,特别是对于中小企业而言。

②独立型通用中间件:与集成型中间件相对,独立型通用中间件是一个完全独立的软件解决方案,它不需要依赖于其他软件或系统。它通常由一系列模块或组件构成,这些组件可以根据具体需求进行定制和重构,从而实现高度的灵活性和可定制性。这种设计使得它有能力应对不同行业和应用场景的需求。另外,由于它的设计重点是为了实现 RFID 功能而不是整合其他系统,这也使得它保持了轻量级和价格亲民的特点。然而,与此同时,独立型中间件可能需要更多的开发和配置工作,以及更强的技术支持,因为它需要单独构建和维护自己的体系结构和功能。

(6)RFID 中间件在设计和功能上的特性。

①独立架构:作为 RFID 系统的关键组成部分,RFID 中间件独立存在,连接阅读器与后端应用系统,能够同时支持多个阅读器和服务多个后端应用。

②数据管理：核心功能是对 RFID 数据的处理，从阅读器获取数据后对其进行过滤、整合和传递。这包括数据清洗、去重、验证以及生成警告。

③流程控制：中间件具备高级的流程管理能力，确保数据按照预定规则和逻辑有序地传输和处理。

④编码标准兼容性：为了应对多样化的国际 RFID 编码标准，中间件具备多编码支持和数据集成能力。

⑤实时监控：能够实时监控连接的阅读器状态，并及时向后端系统提供反馈，增强了对分散部署系统的管理和维护。

⑥安全机制：通过配置安全模块和网络防火墙功能，确保数据在传输和存储中的安全和完整。

（7）RFID 中间件的优点。

①简化开发：使用 RFID 中间件可以大大简化软件开发过程，通过提供预先构建的功能模块和 APIs（application programming interfaces，应用程序编程接口），开发者可以避免从头开始处理 RFID 的复杂底层技术。这不仅提高了开发效率，还减少了可能出现的错误和问题，使开发者能够更专注于设计和实现业务逻辑，从而加速产品上市。

②缩短时间：借助现有的 RFID 中间件解决方案，企业可以避免从零开始的开发过程，节省大量的研发时间。这种现成的解决方案提供了经过优化和验证的代码库、组件和工具，可以快速地构建、测试和部署 RFID 应用，特别是在处理射频信号、数据整合和系统集成方面，大大缩短了开发周期。

③降低风险：选择经过广泛验证和在实际生产环境中已经成功部署的 RFID 中间件，可以显著降低项目失败和出现技术问题的风险。这些中间件通常经过严格的质量控制和安全审计，以确保其稳定性、安全性和兼容性。此外，有了这样的中间件，开发团队可以快速响应并解决潜在的问题，从而进一步降低了实施风险。

④提升质量：RFID 中间件通常采用模块化和组件化的设计，提供了清晰、一致的接口和架构。这种设计降低了系统的复杂性，提高了代码的可读性和可维护性，有助于确保应用系统的稳定运行和高性能。此外，中间件通常配备了强大的监控和调试工具，可以帮助开发者及时发现和解决问题，从而提高系统的稳定性和可靠性。

⑤经济高效：采用成熟的 RFID 中间件解决方案可以显著降低软件开发和维护的成本。首先，通过减少开发时间和对资源的需求，可以节省大量的人力和资金。其次，由于中间件的模块化设计和开放式架构，它可以轻松地与其

他系统和设备集成,减少了集成和升级的复杂性和成本。最后,由于中间件的广泛应用和社区支持,企业可以更容易地找到专业的技术支持和培训资源,进一步提高投资的回报率。

⑥增强扩展性:RFID 中间件设计为高度可配置和可扩展,允许企业根据需求灵活地调整和扩展其功能和容量,以适应不断变化的业务需求和规模。

⑦提高集成性:由于 RFID 中间件已经经过深入的测试和验证,它能够轻松地与其他企业应用和系统集成,无论其是内部的 ERP 系统还是外部的供应链管理软件。

⑧增强可维护性:模块化的设计和清晰的文档结构使得维护和更新变得更加简单和直观,降低了长期运营成本。

⑨促进标准化:采用成熟的 RFID 中间件可以帮助企业遵循行业标准和最佳实践,确保其 RFID 应用系统与其他系统和设备的兼容性。

2.4.1.3　RFID 中间件的层次结构

RFID 中间件的层次结构通常涉及多个组件和模块,旨在提供从 RFID 阅读器到后端应用系统的全面功能集成。以下是一个典型的 RFID 中间件的层次结构概述:

(1)硬件接口层:负责与 RFID 阅读器和其他硬件设备进行通信;提供对各种阅读器型号和品牌的兼容性支持;处理射频信号的接收和发送,确保数据的准确捕获和传输。

(2)数据采集与处理层:负责从 RFID 阅读器接收、解码和处理电子标签数据;实施数据清洗、去重和格式转换,以确保数据质量和一致性;提供实时数据流处理和分析功能,支持高速数据流的处理和管理。

(3)业务逻辑层:执行业务规则和逻辑,对收集的 RFID 数据进行分析和处理;提供数据验证、过滤、转换等功能,以满足特定的业务需求;支持事件驱动和规则引擎,自动触发和处理业务事件和流程。

(4)数据存储与管理层:负责安全、高效地存储和管理 RFID 数据;支持多种数据存储解决方案,包括关系型数据库、NoSQL 数据库和分布式文件系统;提供数据检索、查询和报表功能,支持实时和批量数据处理。

(5)系统集成与接口层:提供与后端应用系统、ERP 管理软件、CRM(customer relationship management,客户关系管理)系统和其他企业系统的集成接口;支持多种通信协议和数据格式,确保与不同系统的无缝集成;提供 APIs、SDKs(software development kits,软件开发工具包)和开发工具,简化集成过程和自定义开发。

(6)安全与身份验证层:实施网络安全策略和防火墙,保护数据在传输和存储中的安全性;支持用户身份验证、访问控制和数据加密,确保只有授权用户可以访问和操作数据;提供审计、监控和日志记录功能,跟踪和报告任何不安全事件和违规行为。

2.4.2 RFID 中间件的关键技术

虽然各种 RFID 中间件在架构和功能上各有特点,但它们在实现核心功能时采用的技术上有很多共通点。这些关键技术主要包括设备接入技术、设备状态监测技术、应用层事件规范、面向服务的体系结构、网络服务等。

2.4.2.1 设备接入技术

为了构建一个高效的 RFID 系统,中间件需要能够有效地管理系统中的 RFID 阅读器,并适应阅读器数量的变化以及设备更换等实际应用场景。因此,设备接入技术应具备以下特性:

(1)设备接入技术的核心功能。

为了构建一个高效的 RFID 系统,中间件需要能够有效地管理系统中的 RFID 阅读器,并适应阅读器数量的变化以及设备更换等实际应用场景。因此,设备接入技术应具备以下特性:

①阅读器的发现与配置:系统应能够自动检测并重新配置现有的 RFID 阅读器。

②新阅读器的自动集成:当新的阅读器加入网络时,系统应自动识别并将其集成到现有系统中,无须手动操作。

③故障恢复与重新配置:在阅读器出现问题时,系统应能够动态地对其进行重新配置,以恢复其正常功能。

(2)阅读器的唯一标识。

由于中间件需要管理多个阅读器以完成不同的任务,每个阅读器都应有一个独特的标识,如名称、序列号和 IP 地址等。

(3)物理与逻辑阅读器。

①物理阅读器:直接对应于实际硬件设备,当硬件更改时,其标识也需要相应地更新。

②逻辑阅读器:为了降低系统与硬件之间的依赖性,逻辑阅读器提供了一个抽象的命名方式。它可以代表一个或多个物理阅读器,用于实现特定的业

务逻辑。

逻辑阅读器与物理阅读器之间的映射是必要的,可以是一对一的直接映射,也可以是一对多的复杂映射,以满足不同的应用需求。通过这种方式,RFID 中间件能够灵活地管理和利用各种阅读器,为应用提供稳定、可靠的数据服务。

2.4.2.2　设备状态监测技术

在 RFID 应用领域,中间件不仅负责数据处理,还扮演着监控和管理阅读器状态的重要角色。中间件能够实时监测接入的阅读器的运行情况,并将这些关键信息传输到上层管理系统。此外,通过仪表盘式的用户界面,操作员可以轻松查看所有阅读器的当前状态,以及对过去状态进行深入分析。

(1)监控策略。

①轮询方式:在这种策略下,中间件按顺序检查每个阅读器的运行状况。虽然这可以全面掌握每个阅读器的情况,但也意味着系统资源消耗较大,且数据更新可能不够及时。

②中断方式:在此模式下,阅读器在遇到异常或需要与中间件通讯时主动触发中断。这种策略的优势在于响应速度快、资源消耗低,但在某些故障情况下,可能无法及时发出通知。

(2)状态监控。

中间件通过实时监控来识别阅读器的工作状态,主要包括:

①正常运行:表明所有阅读器均处于良好状态。

②繁忙:指阅读器当前的工作量超标,需要其他设备协同处理。

③故障:阅读器遇到问题,需进一步检查和修复。

(3)协同工作技巧。

在复杂的 RFID 系统中,单个阅读器的能力是有限的,因此需要它们之间进行有效协同。

协同策略可以分为:

①互联协同:各阅读器在数据传输前协同工作,确保负载均衡和数据准确,这可以减轻上层系统的工作负担。

②非互联协同:各阅读器独立工作,上层系统通过连接方式(如网口或串行口)与每个阅读器交互,合并数据消除冗余,确保数据的完整性和准确性。

2.4.2.3　应用层事件规范

应用层事件(application level event,ALE)规范,由 EPCglobal 组织于

2005 年 9 月发布,是一套标准接口,旨在帮助 RFID 中间件更有效地与上层应用系统交互。ALE 的出现是为了解决 RFID 阅读器频繁读取电子标签造成的数据洪流问题,提供有针对性的数据过滤和处理。

(1)ALE 的由来。

由于 RFID 阅读器频繁地读取电子标签,造成大量冗余数据,直接传输给应用系统会导致资源浪费。ALE 的任务是对这些数据进行处理,提供有价值的信息。

(2)ALE 与应用系统的交互。

ALE 从阅读器接收原始数据,根据预设条件如时间间隔进行数据累积和过滤,消除冗余数据,最终提供精炼的业务信息给应用系统。

(3)ALE 核心概念与技术。

①事件源(event originator):能够捕捉电子标签或其他物理世界信息的设备,如 RFID 阅读器或传感器。在 ALE 中,阅读器可以映射到一个或多个物理设备,或者多个阅读器映射到一个物理设备。

②识读周期:阅读器定期扫描电子标签的频率或时间间隔,称为识读周期或读写周期。这是与阅读器交互的基本时间单位,输出是一组 EPC(electronic product code,电子产品代码)集合。ALE 的识读周期如图 2-17 所示。

③事件周期:是用户和 ALE 交互的时间单位,可以包含一个或多个识读周期,代表从用户角度看到的阅读器操作。定义事件周期后,客户可以接收相应的数据报告。

④报告:ALE 基于事件周期提供的数据结果,这是处理后的有意义的信息。

图 2-17　ALE 的识读周期

(4)ALE 规范的优势。

①统一接口:ALE 规范定义了与阅读器交互的标准接口,减少了应用程序对驱动安装和编程接口的依赖。

②高扩展性:虽然主要处理 EPC 事件,但 ALE 规范也支持与非 EPC 电子标签或非 RFID 阅读器设备的接口连接。

③接口与实现分离:ALE 规范提供了一个接口,开发人员可以根据需要

选择具体的实现技术和部署选项。这使得 ALE 可以作为独立模块存在于应用系统中，或者作为 RFID 阅读器的一部分。

2.4.2.4　面向服务的体系结构

RFID 技术在企业中的成功应用并不仅仅是技术的采纳，更多的是如何与企业的业务流程紧密结合，实现数据的实时分享和分析，从而支持业务决策制定。通过将 RFID 技术整合到业务流程中，并以服务的方式在企业间进行数据交流，企业可以在一个统一的环境中访问和利用有关 RFID 的关键信息。这种方式为企业系统带来了更高的灵活性和效率，同时也增强了整个系统的适应性、可扩展性和灵活性。为了实现这种紧密的集成和数据的流畅交换，业界提出了一种名为面向服务的体系结构（service oriented architecture，SOA）的理念。

2.4.2.5　网络服务

（1）Web Service 的核心思想：Web Service 作为构建 SOA 的核心，不仅通过开放的 XML（extensible markup language，可扩展标记语言）标准实现跨平台和跨语言的互操作性，还通过一系列标准化协议提供了强大的功能，例如：SOAP（simple object access protocol，简单对象访问协议）是一种基于 XML 的协议，用于在分布式环境中交换结构化信息；WSDL（Web ervices description language，Web 服务描述语言）描述了 Web Service 的功能、接口和位置，帮助消费者了解如何调用服务；UDDI（universal description discovery and integration，通用描述、发现与集成）则提供了一个注册和发现 Web Service 的目录服务，促进了服务的重用和灵活编排。

通过这些标准，Web Service 实现了服务的定义、发布、发现和调用，使得分布在不同机器上、使用不同技术栈的应用能够实现直接交互和数据共享。这种解耦的设计大大降低了系统之间的依赖，使得每个 Web Service 可以独立开发、部署和管理。一旦某个服务需要更新或替换，其他通过接口与之交互的系统几乎不需要进行任何修改，从而提高了系统的可维护性和可扩展性。

此外，Web Service 通过使用标准化的接口定义和消息格式，简化了应用之间的接口开发。开发人员不再需要为不同平台和语言编写特定的接口适配代码，而是可以直接使用 Web Service 标准进行系统集成。这种标准化不仅提高了开发效率，也降低了维护成本和错误率。

总的来说，Web Service 通过提供一种通用的数据交换机制，极大地简化了应用之间的接口开发,提高了系统间的互操作性和灵活性,成为现代企业应用集成和业务流程编排的关键技术。它使得企业能够更灵活地响应市场变化和业务需求,实现快速创新和高效运营。

(2)Web Service 的核心技术:Web Service 的实现需要一系列协议来保证跨平台和跨语言的互操作性。

①XML 和 XSD(XML schema defintion, XML 模式定义):XML 作为 Web Service 的数据表示基础,而 XSD 则为 XML 提供了一套标准的数据类型系统,确保数据的一致性和规范性。

②SOAP(simple object access protocol,简单对象访问协议):SOAP 采用 HTTP(hypertex transfer protocol,超文本传输协议)作为传输协议,而 XML 则用于数据编码,这确保了 SOAP 的可扩展性和跨平台性。

③WSDL 提供了 Web Service 的详细描述,包括函数、参数和返回值等,使得服务的消费者能够明确知道如何与服务交互。

④UDDI(universal description, discovery and integration,通用描述、发现和集成):UDDI 允许服务提供者发布其服务,并允许服务消费者查找和访问这些服务,从而实现动态的服务发现和集成。

2.5　本章小结

本章对 RFID 技术进行了详细介绍,首先对 RFID 系统做了基本概述,包括 RFID 标签、阅读器、天线、后端系统和数据传输通道等组成部分。接着,介绍了 RFID 技术的定位算法,包括基于测距的定位算法和基于非测距的定位算法,及其工作原理和特点。然后,介绍了 RFID 技术的防碰撞算法,包括防碰撞随机性算法和防碰撞确定性算法,以及它们在解决多标签识别碰撞问题中的应用,指出 RFID 中间件在企业信息化中的重要作用,包括实时跟踪和定位、自动化识别和数据采集、库存管理优化、供应链协同和优化,以及资产管理和追踪等。RFID 技术作为一种先进的自动识别技术,为企业提供了一种高效、智能的物联网解决方案,具有广泛的应用前景和发展潜力。

第3章

AI 技术概述

AI 是计算机科学领域的一个分支,旨在模拟或实现智能行为。从"关于知识的学科"到"怎样使计算机完成过去只有人类能做的工作",AI 的定义在不同学者之间有所差异,却共同体现了 AI 的核心思想。1956 年,AI 学科正式诞生,随后迅速发展。AI 涵盖了符号智能和计算智能两大领域,拥有众多子领域和研究方向。它依赖于数学、计算机科学等多学科,研究范围包括自然语言处理、机器学习、知识表示等。在面临众多挑战的同时,AI 不断取得显著成果,正在为各行业带来深刻变革。在探索 AI 对企业信息系统影响之前,本章将先深入介绍这一引领科技浪潮的前沿技术。

3.1 AI 的基本概念

AI 作为计算机学科的一个分支,目前指的是计算机模拟或实现的智能,因此人工智能又称机器智能。美国斯坦福大学人工智能研究中心尼尔逊(N. J. Nilsson)教授对人工智能的定义为"关于知识的学科""怎样表示知识以及怎样获得知识并使用知识的科学";而美国麻省理工学院的温斯顿(Patrick Winston)教授则认为"人工智能就是研究如何使计算机去做过去只有人才能做的智能工作"。这些陈述反映了人工智能学科的核心思想和基础内涵。人工智能学科旨在研究人类智能活动的规律,构建具备一定智能的人工系统,探究如何使计算机能够胜任以往只有人类智慧才能完成的任务。换言之,它研究如何运用计算机的软硬件来模拟人类某些智能行为的基本理论、方法和技术。然而,对于计算机是否具备智能的界定,不可避免地牵涉到"智能"的确切定义,而这是一个复杂且难以精准回答的问题。

尽管对于人工智能的性质存在多种解释,但学术界目前尚未达成统一的科学定义。关于如何判定机器是否具备智能,在人工智能学科正式形成之前的 1950 年,计算机学科奠基人艾伦·麦席森·图灵(Alan Mathison Turing)提出了著名的"图灵测试"。该测试涉及一名测试者、一名被测试者和一台计算机,被测试者和计算机分处两个不同的房间,测试者事先不知晓哪个房间内是计算机,哪个房间内是被测试者,只能通过电传打字机与他们沟通。测试开始时,测试者与两者交谈(通过电传打字机),若测试者无法区分哪个是被测试者,哪个是计算机,则被测试的计算机可被认为具有智能。

现今公认的人工智能学科诞生于 1956 年。1956 年夏季,由美国达特茅斯(Dartmouth)大学的麦卡锡(J. McCarthy)、哈佛大学的明斯基(M. L. Minsky)、IBM 公司信息研究中心的罗切斯特(N. Rochester)、贝尔实验室的香农(C. E. Shannon)共同发起,邀请 IBM 公司的莫尔(T. More)和塞缪尔(A. Samuel)、麻省理工学院的塞尔夫里奇(O. Selfridge)和索罗门夫(R. Solomonff)以及兰德公司纽厄尔(A. Newell)大学和卡内基-梅隆大学的西蒙(H. A. Simon)等共 10 位来自数学、心理学、神经生理学、信息论和计算机等领域的学者和工程师,在达特莫斯大学召开了一次历时两个月的研究会,讨论关于机器智能的有关问题。会上经麦卡锡提议正式采用了"人工智能"这一术语。从此,一门新兴的学科便正式诞生了。

从智能层次和采用的方法来看,人工智能可划分为符号智能和计算智能两大主要分支领域。这两大领域均涵盖多个子领域和研究方向。在符号智能领域,包括但不限于图搜索、自动推理、不确定性推理和知识工程等方向。而在计算智能领域,包括神经计算、进化计算、免疫计算、蚁群算法、粒子群算法等研究方向。

此外,AI Agent 作为人工智能中的一个新兴重要领域,以符号智能和计算智能为基础,构建了更高级的人工智能体系。在模拟脑智能方面,人工智能包括机器学习、机器联想、机器推理、机器行为等分支领域。其中,机器学习可细分为符号学习、连接学习、统计学习等多个研究领域和方向。机器感知则涉及计算机视觉、计算机听觉、模式识别、图像识别与理解、语音识别、自然语言处理等多个领域和方向。这一严谨的分类有助于人们更清晰地理解人工智能及其多元的研究方向。

人工智能涉及众多学科领域，包括但不限于数学、统计学、计算机科学、物理学、哲学、逻辑学、社会学等。其研究范畴涵盖了自然语言处理（natural language processing，NLP）、知识表示（knowledge representation）、机器学习（machine learning）、强化学习（reinforcement learning）、数据挖掘（data mining）等多个方向。由于人工智能研究的复杂性和多样性，目前尚未形成对人工智能的清晰而合理的分类体系。尽管人工智能的研究仍面临众多挑战，但使计算机能够像人脑一样处理信息，赋予计算机智能的能力一直是人们研究人工智能的初衷。目前，各个研究领域正朝这一目标迈进。

3.1.1　自然语言处理

自然语言处理是计算机科学领域与人工智能领域的重要研究方向。它研究能实现人与计算机之间用自然语言进行有效通信的各种理论和方法。自然语言处理是一门融语言学、计算机科学、数学于一体的科学。因此，这一领域的研究将涉及自然语言，即人们日常使用的语言，所以它与语言学的研究有着密切的联系，但又有重要的区别。自然语言处理并不是一般地研究自然语言，而在于研制能有效地实现自然语言通信的计算机系统，特别是其中的软件系统。

语言是人类与其他动物本质上的区别之一。在生物界中，唯有人类具备语言能力。人类的各种智慧都与语言密切相关。人类的逻辑思维表现为语言形式，大部分知识也是以语言文字的形式记录和传播的。因此，语言也是人工智能的一个至关重要的组成部分，甚至可以说是核心之一。用自然语言与计算机进行通信，这是人们长期以来所追求的。人们可以用自己最习惯的语言来使用计算机，而无须再花大量的时间和精力去学习不符合自己使用习惯的各种计算机语言。人们也可通过它进一步了解人类的语言能力和智能的机制。

自然语言处理是指利用人类交流所使用的自然语言与机器进行交互通信的技术。通过人为的对自然语言的处理，计算机对其能够可读并理解。自然语言处理的相关研究始于人类对机器翻译的探索。虽然自然语言处理涉及语音、语法、语义、语用等多维度的操作，但简单而言，自然语言处理的基本任务是基于本体词典、词频统计、上下文语义分析等方式对待处理语料进行分词，形成以最小词性为单位，且富含语义的词项单元。

自然语言处理技术在许多领域都有着广泛的应用，如搜索引擎、智能助理、机器翻译、信息抽取、舆情分析等。随着人工智能和深度学习的发展，自然语言处理技术也在不断进步和完善,为解决语言理解和生活中的各种问题提供了更加有效的方法和工具。

3.1.2 计算机视觉

计算机视觉(computer vision)是人工智能领域的一个重要分支,旨在使计算机系统能够理解和解释图像和视频数据。计算机视觉的目标是使计算机具备类似于人类视觉系统的能力,能够从图像或视频中获取信息,并做出相应的决策或行动。与计算机视觉相关的技术已经在我们身边随处可见,例如智能手机、相机功能中使用的面部识别和全景图像创建、物体识别和图像恢复等。

人类的眼睛感知到来自周围环境的光信号,并将其转换成神经信号,传递给大脑的视觉皮层。在视觉皮层中,神经元对接收到的信号进行复杂的处理,包括边缘检测、色彩感知、形状识别等。基于视觉皮层的处理,大脑提取出图像的各种特征,如边缘、颜色、纹理等,并将它们组合起来形成对图像的整体理解。最后,大脑将提取到的特征与先前的经验和知识进行比较,找到与之匹配的模式,并最终形成对图像内容的认知和理解。

而计算机视觉则是利用计算机技术模拟人类视觉系统的功能。计算机通过摄像头、图像传感器或者图像文件等方式获取图像数据,并对其进行预处理,包括去噪、边缘检测、图像增强等操作,以便更好地提取特征和进行后续分析。基于图像处理技术,计算机从图像中提取出各种特征,例如边缘、纹理、颜色直方图等,并利用提取到的特征,与事先训练好的模型进行比对和匹配,找到与之最相似的模式,并根据匹配结果进行分类和识别。最后,计算机将识别结果以可视化的形式呈现给用户,例如标注出识别到的目标、显示识别结果的文字描述等。计算机视觉就是用各种成像系统代替视觉器官作为输入敏感手段,由计算机来代替大脑完成处理和解释。计算机视觉的最终研究目标是使计算机能像人那样通过视觉观察和理解世界,具有自主适应环境的能力。这是要经过长期的努力才能达到的目标。因此,在实现最终目标之前,人们努力的中期目标是建立一种视觉系统,这个系统能依据视觉敏感和智能反馈完成一定的任务。

计算机视觉在各个领域都有着广泛的应用,并且随着技术的不断发展,其应用范围还在不断拓展。应用领域包括智能驾驶、医学影像分析、安防监控、工业质检、虚拟现实与增强现实、人脸识别与身份验证、智能助理与智能家居等。未来计算机视觉的发展方向包括深度学习和神经网络的持续发展、多模态融合、跨领域融合、增强学习与自主决策、解释能力与可解释性等。计算机视觉将继续发挥重要作用,并为各个领域带来更多创新和应用,为人类社会的发展和进步做出更大的贡献。

3.1.3　机器学习

机器学习是人工智能的一个重要分支,旨在通过让计算机系统从数据中学习模式和规律,从而实现对任务的自动化处理和智能决策。机器学习可以被定义为一种能够从数据中学习的算法,它使计算机能够通过经验自动改进。其核心思想是从数据中学习,而不是显式地编程。通过对大量数据的学习,系统可以发现数据中的模式和规律。机器学习使用各种模型和算法来学习数据中的模式。常见的机器学习模型包括线性回归(linear regression)、决策树(decision tree)、支持向量机(support vector machine,svm)、神经网络(neural work)等。

在机器学习中,特征工程是指对原始数据进行处理和转换,以提取出更有用的特征,帮助模型更好地进行学习和预测。机器学习模型通过训练数据学习模式及测试数据验证其性能。训练数据用于训练模型,而测试数据用于评估模型的泛化能力。机器学习可以分为监督学习、无监督学习和强化学习三种主要范式。监督学习使用带有标签的数据进行训练,无监督学习使用未标记的数据进行训练,而强化学习则是通过与环境交互学习最优的行为策略。其应用领域包括图像识别、自然语言处理、预测与推荐、医疗健康、智能交通等。随着深度学习技术的发展,自动化机器学习技术的出现,以及增强学习、多模态融合等方面的不断拓展,机器学习在未来将继续发挥重要作用,并对人工智能的发展产生深远影响。

3.1.4　深度学习

深度学习属于人工智能的一个分支,它是机器学习的一个新的研究方向,并在此基础上有了较大的提升。随着近年来深度学习领域的大热,不仅极大地推动了人工智能的发展,也使得传统互联网业务发生了翻天覆地的变化。早在20世纪,人们对于计算机模仿人脑的学习就做过深入的研究,并提出了人工神经网络(artificial neural network,ANN)这个概念。1981年诺贝尔生理学或医学奖得主David Hubel、Torsten Wiesel和Roger Sperry发现了人的视觉系统的信息处理是分级的,大脑通过各种神经元,把低层到高层的特征表达抽象和概念化,也就是说高层的特征是低层特征的组合。这一发现进一步激发了人们对于神经系统的思考,而深度学习恰恰就是通过组合低层特征形成更加抽象的高层特征。根据全局逼近定理(universal approximation theory),对于神经网络而言,如果要拟合任意的连续函数,深度性不是必需的,因为即使仅是一个单层的网络,只要拥有足够多的非线性激活单元,也可以达到拟合目的。深度神经网络目前得到更多关注的原因主要源于其结构层次性,能够快速建模更加复杂的情况,同时避免浅层网络中可能遭遇的诸多缺点。然而,深度学习也有其自身缺点。以循环神经网络为例,一个常见的问题是梯度消失(每一次的迭代过程中,参数更新的变化非常小,导致几乎没有变化,造成学习停滞)。为了解决这些问题,人们提出了很多针对性的模型,例如长短期记忆网络(long short-term memory networks,LSTM)、门控循环神经单元(gated recurrent unit,GRU)等。

进入 21 世纪,得益于大数据和计算机技术的快速发展,许多先进的机器学习技术成果应用于解决经济社会中的许多问题。同时借着 AI、大数据的浪潮,深度学习,特别是深度卷积神经网络和循环神经网络更是极大地推动了图像和视频处理、文本分析、语音识别等问题的研究进程。深度学习通过一个有着很多层处理单元的深层网络对数据中的高级抽象进行建模。例如,在计算机视觉领域,深度学习算法把原始图像分割成一个个像素点,去学习得到一个边缘检测器或小波滤波器等的低层次表达,然后在这些低层次表达的基础上通过线性或非线性组合,来获得一个高层次表达。目前最先进的神经网络结构在某些领域能够达到甚至超越人类平均水准。不仅如此,深度学习在语音识别、文本分类以及推荐系统、物联网等方面也有着越来越多的应用。

神经网络是深度学习最重要的方法之一。随着人们对深度学习领域研究的不断深入,神经网络的深度和宽度也在不断增加,并且衍生出了诸如卷积神经网络(CNN)、循环神经网络(RNN)以及图神经网络(graph neural network,GNN)等多种神经网络。

神经网络是由若干个相互连接的处理节点组成的信息处理系统,通过对生物学的研究,神经网络模拟大脑中对信息的存储、记忆和判断,这种网络主要依赖于系统中处理单元的复杂程度,通过调节系统内部大量单元之间相互连接的关系,从而达到处理信息的目的。神经网络按照生物组织活动的原理可以处理一些难以使用数学模型计算的过程,具有多层处理、自适应、记忆功能等特性。目前来说,神经网络已经得到长足的发展,并成功应用于信息、医疗及经济等多个领域中,在模式识别、异常检测以及预测问题中发挥着重要的作用。

在实际的应用中,构建神经网络的过程往往包括选择合适的神经网络模型、合理的网络结构以及进行高效的神经网络参数的设置。而针对某一个模型,主要研究调整和改善网络算法与结构,训练的过程也即对神经网络模型中各种参数进行调节,通过若干次的训练来修改处理单元的权重。

3.1.4.1　循环神经网络

循环神经网络是一类以序列(sequence)数据为输入,在序列的演进方向进行递归(recursion)且所有节点(循环单元)按链式连接的递归神经网络(recursive neural network,RNN)。与传统的前馈神经网络(feedforward neural network,FNN)不同,RNN 具有反馈连接、允许信息在网络内部进行持续传递的作用。

对循环神经网络的研究始于 20 世纪 80—90 年代,并在 21 世纪初发展为深度学习(deep learning)算法之一,其中双向循环神经网络(bidirectional RNN,Bi-RNN)和长短期记忆网络是常见的循环神经网络。

RNN 的基本结构包含一个或多个循环单元(recurrent unit),每个循环单元内部包含一个神经网络结构,该结构允许信息在序列的不同时间步之间进行传递。RNN 的输入不仅取决于当前时间步的输入数据,还取决于上一个时间步的输出和隐含状态(hidden state)。

RNN 的反向传播算法使用反向传播(back propagation through time,BPTT)来计算梯度,并使用优化算法(如梯度下降)来更新权重以最小化损失函数。

尽管 RNN 具有处理序列数据的能力,但传统的 RNN 在处理长序列时存在梯度消失或爆炸的问题,导致难以捕捉长期依赖关系。为了解决这一问题,后续出现了一些改进型的 RNN 结构,如长短期记忆网络和门控循环单元(gated recurrent unit,GRU),它们能够更好地捕捉长期依赖关系,并在很多序列建模任务中取得了成功应用。

3.1.4.2　卷积神经网络

卷积神经网络是一类包含卷积计算且具有深度结构的前馈神经网络,是深度学习的代表算法之一。卷积神经网络具有表征学习(representation learning)能力,能够按其阶层结构对输入信息进行平移不变分类(shift-invariant classification),因此也被称为"平移不变人工神经网络(shift-invariant artificial neural networks,SIANN)。其主要用于处理具有网格结构数据的任务,最典型的应用领域包括图像识别、计算机视觉和自然语言处理等。

CNN 的核心思想是通过卷积操作来提取输入数据中的局部特征,并且通过池化操作来减小特征图的尺寸,从而逐渐实现对输入数据的层层抽象和特征提取。CNN 的基本组成包括卷积层、池化层和全连接层等。

(1)卷积层(convolutional layer):卷积层是 CNN 中最重要的组成部分之一,它通过卷积操作对输入数据进行特征提取。卷积操作使用一组滤波器(或称为卷积核)对输入数据进行滑动操作,从而生成一系列的特征图(feature maps),每个特征图对应一个滤波器,反映了输入数据中不同位置的特征信息。

(2)池化层(pooling layer):池化层用于减小特征图的尺寸,同时保留重要的特征信息。常用的池化操作包括最大池化和平均池化,它们分别在滑动窗口中选择最大值或者平均值作为池化结果,从而实现对特征图的降维和抽象。

(3)全连接层(fully connected layer):全连接层通常位于 CNN 的顶部,用于将卷积和池化层提取的特征转化为最终的分类或回归结果。全连接层将特征图展开成一个向量,并通过神经网络中的多个全连接层进行非线性变换和组合,最终得到输出结果。

CNN 的训练过程通常使用反向传播算法(back propagation)和梯度下降优化算法来更新网络参数,以最小化损失函数。在训练过程中,CNN 通过与标签数据进行比较,逐步学习提取输入数据中的特征,并且实现对不同类别的准确分类或其他任务的预测。

总的来说,CNN 具有对图像和其他网格结构数据进行有效特征提取和分类的能力,已经在计算机视觉、图像识别、目标检测等领域取得了巨大成功。

3.2　AI 技术的发展趋势

2024 年 4 月 16 日,斯坦福大学以人为本人工智能研究院(Stanford HAI)发布了《2024 年人工智能指数报告》(*Artificial Intelligence Index Report 2024*),追踪了 2023 年全球人工智能的发展趋势。

(1)工业继续主导着前沿 AI 研究:2023 年,工业界提出了 51 个值得注意的机器学习模型,而学术界只贡献了 15 个。2023 年,产学研合作还产生了21 个值得注意的模型,创历史新高。

(2)更多的基础模型和更开放的基础模型:2023 年,共有 149 款基础模型发布,是 2022 年发布数量的两倍多。在这些新发布的模型中,65.7％是开源的,相比之下,2022 年和 2021 年只有 44.4％和 33.3％。

(3)前沿机型变得更加昂贵:根据人工智能指数估计,最先进的人工智能模型的训练成本已达到前所未有的水平。例如,OpenAI 的 GPT-4 使用了估计价值 7800 万美元的计算进行训练,而谷歌的 Gemini Ultra 的计算成本为1.91亿美元。

(4)美国成为顶级人工智能模型的主要来源:2023 年,有 61 个著名的人工智能模型源自美国机构,远远超过了欧盟的 21 个和中国的 15 个。

(5)人工智能专利数量激增:从 2021 年到 2022 年,全球人工智能专利授权大幅增长。同 2010 年相比,获得人工智能授权的专利数量增长了 31 倍以上。

(6)中国主导了人工智能专利:2022 年,中国以 61.1％引领全球人工智能专利授权,显著超过美国,后者占全球人工智能专利起源的 20.9％。自 2010年以来,美国人工智能专利的份额从 54.1％不断下降。

(7)开源 AI 研究爆炸式增长:自 2011 年以来,GitHub 上与人工智能相关的项目数量持续增加,从 2011 年的 845 个增长到 2023 年的约 180 万个。值得注意的是,仅在 2023 年,GitHub AI 项目的总数就增加了 59.3％。2023 年,GitHub 上人工智能相关项目的星级总数也显著增加,由 2022 年的 400 万增加到 1220 万,增长了两倍多。

(8)人工智能论文的数量继续上升:在 2010 年至 2022 年期间,人工智能论文的总数量几乎增加了两倍,从 2010 年的约 8.8 万篇上升到 2022 年的 24万多篇。

近年来,人工智能得到了迅猛的发展。在机器翻译、仓储物流、智能控制、专家系统、机器人学习以及语言和图像理解等众多科学领域都取得了显著的成果。2022 年,OpenAI 推出大型语言模型 ChatGPT。它基于深度学习技术,通过海量的文本数据进行训练,可以用于各种任务,如回答问题、生成创意文本、辅助写作等,是自然语言处理领域的一项重要成就。此后,谷歌等互联网公司相继推出了自己的语言大模型。2024 年 2 月 15 日,OpenAI 发布人工智能文生视频大模型 Sora,它可以根据用户的文本提示创建最长 60 秒的逼真视频,该模型了解这些物体在物理世界中的存在方式,可以深度模拟真实物理世界,能生成具有多个角色、包含特定运动的复杂场景。

AI 技术的未来发展趋势可能涉及以下几个方面:

(1)更加智能的算法和模型:随着深度学习的发展,人工智能算法和模型将变得更加智能化和高效。这包括更复杂的神经网络结构、更强大的学习算法，以及更有效的训练和推理技术。

（2）多模态学习：未来的 AI 系统可能会更加注重整合多种数据来源，包括文本、图像、语音、视频等多种模态的数据。通过多模态学习，AI 系统可以更全面地理解和处理复杂的现实世界问题。

（3）增强学习的应用扩展：增强学习在自动驾驶、机器人控制、游戏等领域已经取得了显著进展。未来，随着算法的改进和应用场景的扩展，增强学习有望在更多领域发挥作用，如自动化工业生产、智能物流等。

（4）可解释性人工智能：随着 AI 技术的应用范围扩大，人们对于 AI 决策的可解释性和可信度提出了更高的要求。因此，未来的 AI 系统可能会更加注重可解释性，使其决策过程能够被用户理解和接受。

（5）AI 与人类的合作：未来的 AI 系统可能会更加强调与人类的合作和交互，以实现更有效的智能决策和行为。这包括人机协作、智能辅助技术、智能对话系统等方面的发展。

（6）AI 的应用广泛化：AI 技术已经在诸如医疗、金融、教育等多个领域取得了应用，未来有望在更多领域发挥作用，如环境保护、城市管理、政府服务等。

（7）AI 伦理和法律的重视：随着 AI 技术的发展，人们对于 AI 伦理、隐私保护、数据安全等问题的关注也在增加。未来的发展趋势可能包括更加严格的 AI 伦理标准、更完善的法律法规体系，以保障 AI 技术的健康发展和社会的可持续进步。

综上所述，AI 技术的未来发展趋势可能包括智能算法和模型的进一步发展、多模态学习的应用拓展、增强学习在更多领域的应用、可解释性人工智能的重视、AI 与人类的合作、AI 的应用广泛化以及 AI 伦理和法律的重视等方面。

3.3　AI 技术在集团企业中的应用

随着科技的不断发展，AI 技术正日益成为企业领域的关键推动力。从生产制造流程、销售和市场营销、业务和市场营销再到人力资源管理，AI 技术正在以前所未有的方式影响着企业的方方面面。

3.3.1　智能制造

在当今企业的生产与制造领域,AI 技术的应用已经成为提高效率、降低成本并实现智能化生产的关键因素。以下为 AI 技术在生产制造方面的应用:

(1)生产流程优化:AI 可以分析生产过程中的大量数据,识别瓶颈和优化点,从而提高生产效率和减少资源浪费。例如,通过预测需求和优化生产计划,企业可以避免库存积压和缺货现象。

(2)定制化生产:AI 技术使得定制化生产变得更加可行。通过与传感器和机器学习算法的结合以及对客户反馈的数据分析,企业可以根据客户需求实时调整生产线,从而实现个性化生产,提高客户满意度。

(3)实时质量检测:利用 AI 开发的智能图像识别系统以及物理传感器可以实时监测生产过程中的产品质量,并自动检测缺陷和异常。这种系统可以大大提高质量检测的速度和准确性,减少人为错误。

(4)数据分析和预测性维护:企业可以利用物理传感器在设备和生产线上收集大量数据,并通过 AI 算法进行实时分析。还可以分析设备运行数据和历史维修记录,预测设备可能出现的故障和维护需求。这样可以帮助企业发现潜在的问题和故障,并及时采取措施进行预防性维护。

(5)持续改进和优化效率:AI 技术可以帮助企业分析生产过程中收集的大量质量数据和故障数据,发现生产环节中的问题并提出改进措施。通过持续改进和优化,企业可以不断提高产品质量和生产效率。

3.3.2　智能销售

AI 技术在企业销售与市场营销中的应用非常广泛,为企业带来了革命性的变化,提升了效率、精确度和个性化水平。以下是 AI 技术在营销的一些主要应用领域:

(1)客户数据分析:AI 技术可以分析大量的客户数据,帮助企业理解客户行为和偏好。通过数据挖掘和机器学习,AI 技术能够识别购买模式、预测客户需求,从而帮助企业制定更加有针对性的营销策略。

(2)个性化推荐:基于用户过去的行为和偏好,AI 技术可以为每位客户提供个性化的产品推荐。这种个性化的服务不仅能提高客户满意度,还能显著增加销售额。

(3)客户服务自动化:AI 驱动的聊天机器人和虚拟助手能够提供全天候的客户服务,处理常见的查询和问题,提高响应速度和服务效率,同时减轻人工客服的负担。

（4）销售预测：AI技术可以利用历史销售数据、市场趋势、季节性因素等来预测未来的销售趋势，帮助企业做出更加精准的库存和销售策略决策。

（5）营销自动化：AI技术可以自动化许多营销过程，如邮件营销、社交媒体管理、广告投放等。通过学习最有效的营销策略，AI技术可以帮助企业更有效地找到目标客户，提高营销投资回报率。

（6）内容生成：AI技术，如自然语言生成（NLG），能够自动创作高质量的营销内容，如产品描述、广告文案等，大大提高内容创作的效率和质量。

（7）情感分析：通过分析客户在社交媒体、评论区、调查等渠道上的言论，AI技术可以帮助企业理解客户的情感倾向和满意度，为产品改进和市场策略调整提供依据。

（8）竞争分析：AI技术可以分析竞争对手的在线数据，包括价格、促销活动、市场表现等，帮助企业制定竞争策略，更好地定位自己的市场地位。

通过这些应用，AI技术正在帮助企业在销售与市场营销领域实现更高效、更精准、更个性化的运营。

3.3.3　智能物流管理

AI技术在企业供应链管理中的应用正变得越来越广泛，它通过提供高效、自动化和智能化的解决方案，帮助企业优化供应链，减少成本，提高响应速度。以下是AI技术在供应链管理中的一些关键应用：

（1）需求预测：AI技术可以利用历史销售数据、市场趋势、季节性因素、经济指标等信息来预测未来的产品需求。准确的需求预测有助于企业优化库存水平，减少库存积压和缺货情况。

（2）库存管理：AI技术可以帮助企业实现更智能的库存管理，通过持续监测和分析库存数据，AI技术能够自动识别库存不足或过剩的风险，并及时调整库存策略。

（3）供应商评估和选择：利用AI技术进行数据分析，企业可以更有效地评估和选择供应商。AI技术可以分析供应商的历史表现、风险因素、成本效益等，帮助企业做出更明智的决策。

（4）物流优化：AI技术可以优化运输路线，预测运输中的潜在问题，提高物流效率。通过实时数据分析，AI技术还可以帮助企业动态调整物流计划，应对突发事件。

（5）风险管理：AI技术能够分析和识别供应链中的潜在风险，如供应商风险、运输风险、市场风险等。通过预测风险并及时响应,企业可以减少损失,提高供应链的韧性。

(6)合同管理:AI 技术可以协助分析和监控供应链合同,确保合规性,并通过识别合同中的关键条款和条件来优化合同管理。

(7)生产调度:AI 技术可以帮助企业优化生产过程,通过预测设备维护需求、原材料供应情况和产品需求,实现更有效的生产计划和调度。

(8)质量控制:AI 技术可以通过图像识别、预测维护等技术来提高产品质量和生产效率。通过及时识别并解决生产过程中的问题,AI 技术有助于减少废品率,提高产品质量。

通过这些应用,AI 技术为企业供应链管理带来了前所未有的智能化和自动化水平,帮助企业提高效率、降低成本、提升竞争力。

3.3.4　智能财务

AI 技术在企业财务与会计领域的应用正逐步深入,旨在提高效率、精度和决策质量。以下是 AI 技术在企业财务与会计领域的一些关键应用:

(1)自动化账务处理:AI 技术可以自动化处理发票、收据、账单等财务文档的录入和分类工作,减少人工错误,提高处理速度和准确性。

(2)智能审计:利用机器学习和数据分析技术,AI 技术可以自动识别异常交易和潜在的财务风险,提高审计效率和质量。这种技术还能帮助企业更好地遵守财务报告和合规要求。

(3)财务报告自动生成:AI 技术可以根据企业的财务数据自动生成财务报表,如损益表、资产负债表和现金流量表,减轻财务人员的工作负担,提高报告生成的速度和准确性。

(4)预算编制与预测:AI 技术可以分析历史财务数据和市场趋势,为企业提供更准确的收入和支出预测,帮助企业制定更有效的预算和财务规划。

(5)信用评估:AI 模型能够分析客户的财务状况、支付历史和市场行为,为信用评估提供更深入的洞察,帮助企业降低信用风险。

(6)财务分析与决策支持:AI 技术可以提供深入的财务分析,识别成本节约机会,分析投资回报率,预测未来的财务表现,为管理层提供有力的决策支持。

(7)欺诈检测:利用异常检测技术,AI 技术可以识别不寻常的财务活动,及时发现和预防财务欺诈行为,保护企业免受潜在的财务损失。

(8)合规性检查:AI 技术可以帮助企业自动检查财务活动和报告是否符

合相关的法律、法规和行业标准,降低违规风险。

通过这些应用,AI 技术正帮助企业财务与会计部门实现业务流程的自动化、风险管理的智能化和决策支持的精准化,从而提升整体的财务管理效率和质量。

3.3.5　智能化的人力资源管理

AI 技术在企业人力资源管理中发挥着越来越重要的作用,提高了效率、优化了流程,并为人力资源专业人员提供更准确的数据支持。以下是 AI 技术在企业人力资源管理中的主要应用。

3.3.5.1　招聘流程优化

(1)简历筛选:使用自然语言处理(NLP)技术,使用 AI 技术可以自动分析和筛选大量简历,从中识别符合职位要求的候选人。

(2)候选人匹配:AI 技术可以根据职位需求和候选人的技能、经验进行智能匹配,提高招聘效率。

3.3.5.2　面试辅助

(1)语音和图像分析:AI 技术可以分析候选人的语音和面部表情,提供候选人情感状态和信任度的信息,从而辅助面试评估。

(2)虚拟面试:利用虚拟面试工具,AI 技术可以模拟真实面试场景,帮助候选人准备面试,同时节省招聘人员的时间。

3.3.5.3　员工培训与发展

(1)个性化培训:基于机器学习,使用 AI 技术可以分析员工的学习历史和表现,为其提供个性化的培训建议,提高培训成效。

(2)虚拟培训助手:使用虚拟助手和智能教练,员工可以获取实时反馈和指导,提升学习体验。

3.3.5.4　员工管理

(1)绩效管理:使用 AI 技术可以分析员工绩效数据,提供对员工表现的深入见解,帮助制定个性化的绩效目标和发展计划。

(2)福利管理:基于员工的兴趣和需求,AI 可以推荐个性化的福利计划,提高员工满意度。

3.3.5.5　人力资源数据分析与决策支持

(1)大数据分析:使用 AI 技术可以处理大规模的人力资源数据,提供深入的洞察,帮助人力资源管理者制定战略决策。

(2)预测性分析:基于历史数据,使用 AI 技术可以进行预测性分析,帮助企业更好地规划人力资源需求。

通过以上应用,AI 技术为企业人力资源管理带来了智能化和个性化的解决方案,有助于企业提高工作效率、优化人才管理、增强竞争力。

3.4　AI 对企业信息系统的影响

AI 作为一项颠覆性技术,正深刻地改变着企业信息系统的运作方式和效能。AI 的引入不仅提高了效率和创新力,还为企业带来了全新的商业机会。本小节将探讨 AI 技术对企业信息系统各组成部分的影响。

(1)企业资源规划(ERP):AI 技术有助于优化 ERP 系统的核心功能,例如财务管理、物流和人力资源。它使企业更快速、准确地处理大量数据,提高了业务流程的效率。

具体实现:自动化财务报表的生成,智能库存管理,人力资源管理中的智能招聘和培训推荐。

(2)客户关系管理(CRM):AI 技术在 CRM 系统中的应用改善了客户体验。它通过分析大量客户数据,提供个性化推荐,加强了销售预测和客户满意度。

具体实现:个性化产品推荐,智能客户服务代理,基于数据的销售预测。

(3)供应链管理(SCM):AI 技术有助于优化供应链的整体运作。通过实时数据分析,企业可以更准确地预测需求,减少库存和降低运营成本。

具体实现:实时的需求预测,智能物流优化,自动化的供应链计划。

(4)知识管理(knowledge management,KM):AI 技术有助于提高知识管理系统的搜索和分析效能。员工能够更快速地获取所需信息,提高了决策过程的迅捷性。

具体实现:自适应搜索算法,智能文档标签,个性化的知识推荐系统。

(5)决策支持系统(decision-making support system,DSS):AI 技术在 DSS 中的应用提供了更深入、全面的数据分析,使得管理层可以更快速、准确地做出战略性的决策。

具体实现：高级数据可视化工具，预测性分析模型，实时决策支持。

（6）企业性能管理（enterpise performance management，EPM）：AI 技术有助于增强对关键绩效指标的监测和分析，使得企业可以更及时地调整战略计划，确保目标的实现。

具体实现：智能绩效仪表板，自动化绩效评估，实时绩效分析。

（7）电子商务（E-Commerce）：AI 技术有助于提升电子商务平台的用户体验。个性化推荐、智能搜索和安全支付系统增强了用户参与感和信任度。

具体实现：个性化的产品推荐引擎，智能购物助手，风险评估与欺诈检测。

（8）人力资源信息系统（human resourse information system，HRIS）：AI 强化了人力资源管理的智能化。从招聘到绩效管理，AI 技术提供了更准确、高效的解决方案。

具体实现：智能招聘策略，个性化培训计划，自动化绩效评估。

（9）生产计划与控制系统（production planning and control，PPC）：AI 应用提高了生产效率，通过优化流程和资源利用，降低了生产成本。

具体实现：实时生产监控，自动化生产计划，智能制造执行系统。

（10）信息安全管理：AI 技术提升了企业信息安全水平。自动化威胁检测、实时监测和自适应访问控制减少了潜在的风险。

具体实现：智能入侵检测系统，行为分析技术，自适应访问控制。

由此可以更清晰地体会到 AI 技术如何深刻地影响了企业信息系统的各个方面，提升了效率、准确性和智能化水平。

3.5　本章小结

本章首先介绍了 AI 的基本概念，从学科定义、发展历程、学科诞生的关键时刻以及涉及的多个领域进行了梳理。在对 AI 的分支领域、智能 Agent、机器学习等进行分类的基础上，强调 AI 涉及的众多学科领域，包括数学、计算机科学、哲学等。尽管对 AI 的研究仍然面临挑战，但其作为一项革命性的技术在多个领域取得了显著的成果。

其次，本章深入探讨了 AI 技术在企业中的广泛应用。从自动化流程、智能分析、创新应用、智能项目管理、数据分析与挖掘、供应链优化、网络安全、人事管理等多个方面，详细展示了 AI 技术如何提高企业效率、创新能力，并催生各行业的创新应用。这些应用不仅改善了企业运营,而且为企业带来了新的商业机会。

最后,本章重点关注了 AI 对企业信息系统的影响。通过生产与运营优化、数据驱动的决策支持、客户服务的升级与个性化、信息安全与风险管理、创新与新业务模式的涌现、人才培养与组织变革、道德和法律挑战等方面的探讨,深刻地阐述了 AI 如何在不同层面改变企业信息系统的运作方式,并为企业带来了全新的发展机遇。

总体而言,本章全面而深入地介绍了 AI 技术在企业中的应用和对企业信息系统的影响,强调了 AI 作为一项关键技术正在推动企业进入新的科技浪潮,为未来的商业发展开辟了新的可能性。

第4章

软件工程的过程模型

软件工程作为一门跨学科的专业,涵盖了软件开发的方方面面,从项目规划到实际交付,再到维护和更新。本章将聚焦于软件工程的过程模型,这是在软件开发过程中引导和组织工作的关键框架。通过深入探讨软件生命周期、常用的软件工程模型以及模型选择与应用的策略,读者将能够全面了解软件工程的核心流程和方法。

本章还将探讨最新的技术趋势,特别是射频识别(RFID)和人工智能(AI)在软件工程开发过程中的作用。随着技术的不断进步,这些新兴技术已经成为软件开发过程中的重要组成部分,为开发团队带来了新的挑战和机遇。我们将探讨 RFID 和 AI 如何影响软件工程的不同阶段,以及如何将它们整合到现有的工程实践中。

通过本章的学习,读者将能够深入了解软件工程的实践方法和技术创新,为构建高质量、高效率的软件系统提供更加全面的视角和方法论。

4.1 软件生命周期

管理信息系统的开发,其核心是软件的开发,因此软件生命周期将贯穿在整个项目实施过程中。软件生命周期又称为软件生存周期或系统开发生命周期,是软件的产生直到报废的生命周期,周期内有问题定义、可行性分析、总体描述、系统设计、编码、调试和测试、验收与运行、维护升级到废弃等阶段,这种按时间分程的思想方法是软件工程中的一种思想原则,即按部就班、逐步推进,每个阶段都要有定义、工作、审查、形成文档以供交流或备查,以提高软件的质量。但随着新的面向对象的设计方法和技术的成熟,软件生命周期设计方法的指导意义正在逐步减小。生命周期的每一个周期都有确定的任务,并产生一定规格的文档(资料),提交给下一个周期作为继续工作的依据。按照软件的生命周期,软件的开发不再只单单强调"编码",而是概括了软件开发的全过程。软件工程要求每一周期工作的开始必须是建立在前一个周期结果"正确"前提上的延续。因此,每一周期都是按"活动—结果—审核—再活动—直至结果正确"循环往复进展的。

同任何事物一样,一个软件产品或软件系统也要经历孕育、诞生、成长、成熟、衰亡等阶段,一般称为软件生存周期(软件生命周期)。把整个软件生存周期划分为若干阶段,使得每个阶段有明确的任务,使规模大、结构复杂和管理复杂的软件开发变得容易控制和管理。通常,软件生存周期包括:

(1)问题定义:要求系统分析员与用户进行交流,弄清"用户需要计算及解决什么问题",然后提出关于"系统目标与范围的说明",提交给用户审查和确认。

(2)可行性研究:一方面在于把待开发的系统的目标以明确的语言描述出来,另一方面从经济、技术、法律等多方面进行可行性分析。

(3)需求分析:弄清用户对软件系统的全部需求,编写需求规格说明书和初步的用户手册,提交评审。

(4)开发阶段:开发阶段由三个阶段组成。①设计。②实现,根据选定的程序设计语言完成源程序的编码。③测试。

(5)维护:维护包括 4 个方面。

①改正性维护:在软件交付使用后,由于开发测试时的不彻底、不完全,必然会有一部分隐藏的错误被带到运行阶段,这些隐藏的错误在某些特定的使用环境下就会暴露。

②适应性维护:为适应环境的变化而修改软件的活动。

③完善性维护:根据用户在使用过程中提出的一些建设性意见而进行的维护活动。

④预防性维护:其可以进一步提高软件系统的可维护性和可靠性,并为以后的改进奠定基础。

从概念提出的那一刻开始,软件产品就进入了软件生命周期。在经历需求、分析、设计、实现、部署后,软件将被使用并进入维护阶段,直到最后由于缺少维护费用而逐渐消亡。这样的一个过程,称为"生命周期模型"(life cycle model)。

典型的几种生命周期模型包括瀑布模型、原型模型、迭代模型等。

4.2 常用的软件工程模型

软件工程模型是在软件开发过程中为了管理和组织工作而提出的一系列开发方法和流程。

4.2.1 瀑布模型

图 4-1 所示为软件工程模型的瀑布模型(waterfall model),其是软件工程中最经典和传统的开发模型之一,采用线性顺序流程,将软件开发过程划分为一系列相互依赖的阶段,每个阶段的输出作为下一个阶段的输入。瀑布模型通常包括以下几个阶段:

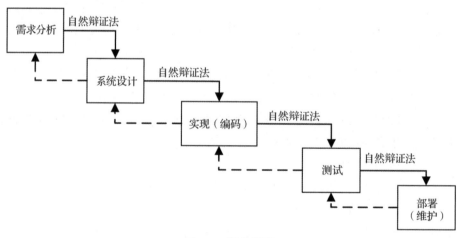

图 4-1 瀑布模型

(1)需求分析阶段:在这个阶段,团队与客户合作,明确软件的需求,收集用户的期望和要求,形成软件需求规格说明文档(software requirements specification,SRS)。

(2)系统设计阶段:基于需求文档,系统设计阶段制定了软件系统的总体结构,确定各个模块之间的关系,产出系统设计文档。

(3)实现(编码)阶段:在这个阶段,根据系统设计文档,程序员开始编写和实现软件的源代码,将设计转化为可执行的程序。

(4)测试阶段:测试人员使用各种测试方法对编码完成的软件进行测试,包括单元测试、集成测试、系统测试等,确保软件符合需求并没有错误。

(5)部署(维护)阶段:将经过测试的软件部署到目标环境中,让用户开始使用。随着软件的使用,可能会出现新的需求或问题,需要进行维护和更新。

瀑布模型的优点包括清晰的阶段划分、易于理解和管理、每个阶段有明确的文档产出。然而,它也存在一些缺点,如在需求阶段未能考虑到所有的细节,导致后续阶段的变更困难;项目在整个开发周期内无法快速响应变化;风险难以评估等。

尽管瀑布模型在当今敏捷开发等新兴方法的冲击下逐渐减少使用,但对于一些较为简单、需求相对稳定的项目,瀑布模型仍然是一个有效的开发选择。

4.2.2　快速原型模型

图 4-2 代表了软件工程模型的快速原型模型(prototype model),通过建立原型(即部分系统的近似模型)来更好地理解用户需求,并在此基础上进行系统的设计和开发。这个模型允许在正式开发之前更早地获得用户的反馈,从而提高最终产品的质量和用户满意度。原型模型的主要特点如下:

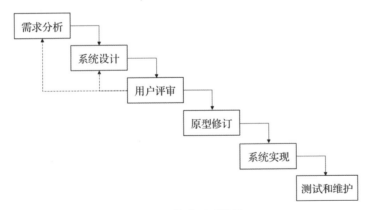

图 4-2　快速原型模型

(1)快速开发:原型模型支持快速开发,开发团队可以迅速生成原型以展示给用户,从而加速整个开发过程。

(2)用户参与:用户在早期阶段就可以与原型进行互动,提供反馈和建议,有助于更好地理解用户需求。

（3）演化性：初始的原型可能只包含基本功能，随着用户反馈的不断集成，原型逐渐演化为最终系统。

（4）错误发现：通过早期的用户互动，可以更容易地发现和修复系统设计或需求方面的错误。

建立原型模型的步骤如下：

（1）需求分析：初始阶段，开发团队与用户协商确定基本需求，这些需求将用于创建原型。

（2）系统设计：设计团队使用收集到的需求信息创建一个初步版本的系统原型，通常包括系统界面、功能和交互流程。

（3）用户评审：将原型展示给用户，用户与原型进行交互并提供反馈。这一过程可能需要多轮迭代。

（4）原型修订：根据用户反馈，对原型进行修改和完善，逐步使其接近最终产品。

（5）系统实现：一旦原型得到用户认可，开发团队开始正式的系统实现，即基于原型的设计进行编码。

（6）测试和维护：实现后进行系统测试，确保系统满足用户需求。维护阶段可根据实际使用情况进行修复和改进。

原型模型的优点包括更高的用户参与度、更早的错误发现和更好的系统理解。然而，它也存在一些缺点，如可能导致过多的迭代、原型和最终产品之间的差异等。在需求不够明确、变化频繁的项目中，原型模型通常是一种有效的选择。

4.2.3 迭代模型

图 4-3 所示的迭代模型（iterative model）是一种软件开发模型，其核心思想是通过反复的迭代过程来逐步完善系统。每一轮迭代都包括系统设计、实现、测试和评估等阶段，使得软件系统在不断的循环中逐步演化和改进。

迭代模型的建立步骤如下：

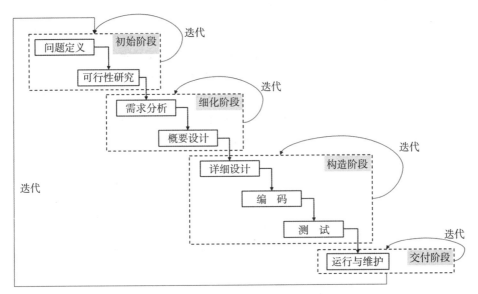

图 4-3　迭代模型

（1）计划：初始阶段进行项目计划，确定迭代的次数和每次迭代的目标。

（2）设计：针对当前迭代的目标进行系统设计，确定需求和功能点。

（3）实现：根据设计阶段的结果进行编码和实现相应功能。

（4）测试：进行单元测试、集成测试和系统测试，确保当前迭代的功能正常运作。

（5）评估：在每轮迭代结束后，对已实现的功能和系统性能进行评估，收集用户反馈。

（6）调整和重复：根据评估结果和用户反馈，调整系统设计，对不足之处进行改进，然后重复上述步骤。

（7）结束：当达到项目的最终目标时，结束迭代。

迭代模型的优点是适应需求变化，可以在项目进行的过程中调整和修改设计；用户在每次迭代中都能看到系统的部分功能，提高用户的满意度；通过多次迭代，有助于早期发现和解决问题。同样地，迭代模型也具有一定的缺点：管理多个迭代周期可能增加项目的管理复杂性；每轮迭代都需要时间和成本，可能导致整体项目时间较长；对需求不稳定的项目更为适用，对于需求相对稳定的项目，其他模型可能更有效。

迭代模型适用于对需求较为不确定、需要灵活变化的项目。在大型软件系统开发中，迭代模型可以帮助其降低风险，提高用户满意度。

4.2.4 螺旋模型

图 4-4 所示的螺旋模型(spiral model)是一种软件开发过程模型,将系统开发视为一个逐步扩展的螺旋过程。该模型是由 Barry Boehm 在 1986 年首次提出的,它结合了瀑布模型的系统性和迭代模型的灵活性,强调在软件开发的不同阶段应用风险管理和迭代原则。螺旋模型的建立步骤如下:

(1)计划:确定项目的目标、约束条件、交付条件和开发时间等。进行初步的项目规划。

(2)风险分析:通过风险分析,确定项目的风险,并制订相应的风险解决方案。

(3)工程实现:执行项目的开发工作,包括设计、编码、测试等。

(4)评审与反馈:定期进行项目评审,收集用户反馈,评估项目的进展和质量。

(5)下一轮计划:根据评审的结果和用户反馈,规划下一轮迭代的目标和工作计划。

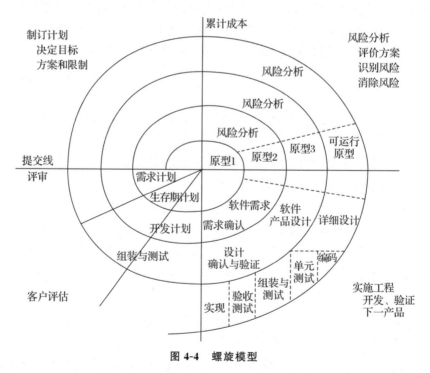

图 4-4　螺旋模型

螺旋模型的优点是强调风险管理,有助于在项目早期发现和解决问题,减小风险；同时具有较强的灵活性，允许在项目的任何阶段进行调整和变更；允许在项目的早期交付部分功能，提高用户的满意度；适用于需求较为不明确、需求频繁变更或是大型、复杂项目。缺点是由于需要不断进行风险管理和迭代，可能导致项目的管理复杂性增加；每个迭代周期都可能增加项目的总体时间和成本。

螺旋模型适用于大型、复杂项目或对需求变化敏感的项目。通过在不同阶段进行风险评估，可以更好地应对项目开发过程中的不确定性和变化。

4.2.5　增量模型

图 4-5 所示的增量模型（incremental model）是一种软件开发过程模型，强调系统的逐步构建。与瀑布模型一次性完成所有开发活动不同，增量模型将软件系统分解为若干个可执行的小部分，每一部分都是一个增量，通过逐步构建这些增量，最终完成整个系统。这种模型具有渐进式开发的特点，每个增量都可以被独立地设计、实现、测试和交付。

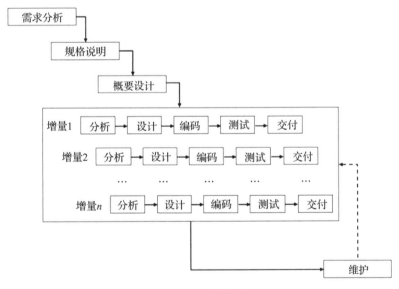

图 4-5　增量模型

增量模型的建立步骤如下：

（1）需求分析：确定项目的目标和范围，通过与利益相关者的沟通来收集和分析用户需求，识别需求中的关键功能和非功能需求，为后续的设计和开发工作奠定基础。

（2）规格说明：基于需求分析的结果，详细描述软件的功能和性能要求，制定用户界面、数据库设计、系统架构等的详细规格说明，确保所有技术细节都被准确捕捉并记录下来。

（3）概要设计：确定软件的总体架构和组件设计，规划软件的模块化和组件划分，确定技术栈和开发工具，为后续的详细设计和编码工作提供指导。

（4）增量规划：将软件分解为若干个增量或模块，为每个增量定义功能范围和交付时间表，并确定增量发布的优先级，以确保项目的可管理性和灵活性。

（5）编码：根据设计文档，开始编写代码，每个增量模块独立编码，确保模块间的接口定义清晰，为后续的集成和测试工作做好准备。

（6）增量 1 开发：开发第一个增量模块，进行单元测试以确保模块的正确性，然后将增量集成到现有系统中，并进行集成测试。

（7）交付与测试：第一个增量交付给用户或进行内部测试，收集反馈，并根据反馈进行必要的调整，以确保增量的功能符合预期。

（8）增量 2 开发：开发第二个增量模块，重复单元测试和集成测试的过程，将新增量集成到系统中，并进行系统测试。

（9）迭代过程：项目团队重复编码、测试和交付步骤，直到所有增量模块开发完成，每个增量都应包含一组完整的功能，使得软件在每个阶段都能提供价值。

（10）测试与交付：在所有增量开发完成后，进行系统的全面测试，确保软件满足所有需求规格，并解决在测试过程中发现的问题，然后正式交付软件。

（11）维护：软件交付后，进入维护阶段，项目团队根据用户反馈和系统运行情况，进行必要的修改和升级，确保软件的持续可用。

增量模型可以在项目的早期交付部分功能，提高用户的满意度。用户可以在每个增量完成后提供反馈，有助于系统更好地满足用户的实际需求。增量模型的开发过程渐进，系统的一部分可以更早地投入使用。同时可以根据用户反馈和需求变化灵活调整每个增量的设计和功能。然而，随着增量的增加，系统集成的复杂性可能增加，需要谨慎进行集成测试。并且增量模型需要在初始阶段就对系统进行模块化设计，否则可能导致后续的问题。另外，对于小规模的项目，增量模型可能显得过于烦琐。

增量模型适用于大型、长期项目，尤其是在需求较为不明确或容易变化的情况下。通过逐步构建和集成，增量模型可以更好地满足用户需求，并在开发过程中进行调整。

除此之外,还有敏捷开发模型(agile Model)、脚手架模型(scaffold Model)、V 模型(V-Model)等软件工程模型,在此不做赘述。

4.3 模型选择与应用

不同的软件工程模型适用于不同的项目和开发需求,如何选择适当的模型取决于项目的性质、规模、需求稳定性、开发人员的经验等因素。

各类模型的适用条件见表 4-1。

表 4-1 各类模型的适用条件

模　　型	适用条件
瀑布模型	适用于需求相对稳定、较为明确、项目规模较小,且技术风险较低的情况。要求在项目开始前对需求有详细的了解
原型模型	适用于需求不明确或难以完全捕获的项目。特别适合于交互性强的系统,可以通过原型快速获取用户反馈
迭代模型	适用于需求可能发生变化、项目周期长、风险较高的情况。通过逐步迭代开发,能够灵活应对需求的变化
螺旋模型	适用于大型、复杂、高风险的项目。强调风险管理,通过迭代来逐步降低风险。适用于需要灵活性和对风险敏感的项目
增量模型	适用于大型项目,项目可以划分为相对独立的模块。能够在开发过程中逐步提供功能,便于用户逐步验收和反馈

在选择模型时,项目管理者需要考虑以下因素:

(1)项目规模:大型项目可能更适合采用增量、迭代、螺旋等模型,而小型项目可能更适合采用瀑布模型或原型模型。

(2)需求变化性:如果需求容易变化,迭代、增量等灵活性较强的模型更为适用。

(3)风险承受能力:对于风险敏感的项目,螺旋模型可能更合适,因为它强调风险管理。

(4)开发人员经验:团队熟悉的模型可能更容易实施,但有时候需要根据项目需求采用不同的模型。

总体而言,根据项目的具体情况选择最合适的模型,有时候也可以结合多个模型的优势采用混合模型。

4.4   RFID 和 AI 在软件工程开发过程中的作用

随着信息技术的迅猛发展,RFID 和 AI 逐渐融入了软件工程领域,为其带来了深远的变革。这两者的协同应用不仅提高了软件工程的效率和质量,还为整个开发生命周期注入了更为智能和自适应的元素。

4.4.1   RFID 及物联网在软件工程开发过程中的作用

RFID 作为物联网的一种基础技术,为物联网设备提供标识和定位功能,它与其他传感器、通信技术等相互融合共同构建的智能、互联的物联网系统对软件工程过程有多方面的作用,具体体现在以下几个方面。

4.4.1.1   自动化测试

场景:在软件测试过程中,需要对系统进行大量的测试案例验证。

作用:RFID 技术可用于标识测试对象,如设备或模拟器,通过物联网传输测试结果。自动化测试框架可以与 RFID 集成,实现更智能、迅速的测试过程,提高测试覆盖率和效率。

4.4.1.2   缺陷检测和修复

场景:在软件开发中,常常需要识别和修复代码中的缺陷。

作用:RFID 标签可以用于追踪软件版本,当出现缺陷时,可以通过 RFID 快速定位到对应的版本,并对缺陷进行修复。物联网连接使得缺陷报告、修复状态等信息实时可见,加速缺陷修复流程。

4.4.1.3   需求分析和规划

场景:在项目启动阶段,需求分析是制订软件开发计划的重要步骤。

作用:RFID 技术可以用于跟踪和管理项目中的需求文档,确保团队成员能够访问和更新最新版本。物联网连接确保了远程团队成员之间的实时协作。

4.4.1.4   智能编程助手

场景:开发人员在编写代码时需要获取相关文档、库和资源。

作用:RFID 标签可以用于标识和检索相关资源,如书籍、文档、设备等。

物联网连接使得这些资源可以被智能编程助手自动检测和访问,提高软件工程开发效率。

4.4.1.5　系统性能优化

场景:在软件运行阶段,需要进行性能监测和优化。

作用:RFID 标签可以用于标识运行时的硬件设备,物联网连接可以实时传输性能数据。软件工程团队可以利用这些数据进行实时监测和性能优化,提高系统的稳定性和性能。

以上场景和作用展示了 RFID 技术和物联网在软件工程开发过程中的具体应用,为软件开发提供了更智能、高效的工具和支持。

4.4.2　AI 在软件工程开发过程中的作用

4.4.2.1　自动化测试

自动化测试脚本生成:AI 可以分析应用程序的代码和功能,自动生成测试脚本,提高软件测试的效率。

智能测试用例设计:AI 可以根据历史测试数据和应用程序的变更,智能生成测试用例,覆盖更多的代码路径,提高测试覆盖率。

4.4.2.2　缺陷检测和修复

智能静态代码分析:AI 工具可以通过静态代码分析检测潜在的缺陷和代码质量问题,帮助开发人员提前发现和修复 bug。

自动化缺陷修复:AI 可以分析缺陷报告和源代码,自动修复一些常见的编程错误,提高代码的稳定性和可靠性。

4.4.2.3　需求分析和规划

自然语言处理的需求分析:AI 可以通过自然语言处理技术分析和理解用户需求,帮助软件工程师更准确地提取和理解需求。

智能项目规划:AI 可以分析项目历史数据、团队成员的能力等,智能化地规划项目进度、资源分配,提高项目管理的效率。

4.4.2.4　智能编程助手

自动代码生成:AI 可以根据程序员的意图和需求,自动生成代码片段,加速编码过程,减少烦琐的手工编码。

代码推荐和修复:AI 工具可以分析代码库中的最佳实践,为程序员提供代码推荐和自动修复建议,提高代码质量。

4.4.2.5 系统性能优化

智能性能监测和调优:AI 可以实时监测系统性能数据,识别瓶颈和性能问题,并提供智能建议进行系统调优,提高系统的性能和稳定性。

智能能效分析:AI 可以分析软件的能效,帮助优化代码和算法,减少资源消耗,提高软件在有限硬件资源下的运行效率。

这些应用场景凸显了人工智能在软件工程开发过程中的多方面作用,从提高开发效率到优化系统性能,都为软件工程师提供了强大的工具和支持,帮助他们更高效地开发、测试和维护软件。

未来,我们可以期待 RFID 和 AI 在软件工程中的应用会更加成熟,为软件开发团队提供更为智能、高效、安全的工作环境。通过持续的创新和技术突破,RFID 和 AI 的协同作用将为软件工程领域带来更多的可能性,推动整个行业向着更加智能化的方向发展。

4.5　本章小结

本章介绍了软件生命周期相关内容。软件生命周期是管理信息系统开发的核心,包括问题定义、可行性研究、需求分析、开发(设计、实现、测试)、维护(改正性、适应性、完善性、预防性)。这种按时间分程的设计思想强调逐步推进,每阶段由定义、工作、审查、文档形成,以提高软件质量。软件生命周期反映软件系统经历孕育、成长、成熟、衰亡等阶段,生命周期模型如瀑布模型、原型模型、迭代模型等帮助控制和管理软件开发。本章还对常见的生命周期模型进行了介绍,盘点了各自的建立步骤及优缺点,最后对模型的选择和使用条件进行了分析。

在信息技术快速发展的趋势下,RFID 和 AI 渗透软件工程,提高其效率、质量,赋予开发生命周期智能和自适应元素。RFID 在资产管理、过程自动化、文档管理方面发挥作用;AI 通过智能决策支持、质量保障、需求分析为软件工程带来创新。二者协同应用实现智能项目管理、流程优化、决策制定,潜力巨大但须解决隐私、安全、可解释性问题。展望未来,RFID 和 AI 协同将为软件工程提供更智能、高效、安全的工作环境,推动行业智能化发展。

第5章

基于 **RFID** 和 **AI** 的集团企业的
信息化规划

随着信息技术的不断发展和广泛应用,基于 RFID(射频识别)和 AI(人工智能)的信息化规划与信息系统架构在企业管理中扮演着重要的角色。本章旨在探讨集团的信息化规划与信息系统架构,以及它们在业务协同和信息协同方面的应用。通过对集团企业的具体案例进行分析和研究,本章将深入探讨集中式架构、分布式架构、客户端/服务器架构、面向服务架构(SOA)等不同类型的信息系统架构,并探讨它们在企业信息化发展中的应用场景和优劣势。此外,本章还将重点关注 RFID 和 AI 技术在信息化规划与架构设计中的应用。

5.1 集团企业的信息化规划概述

21 世纪是信息与知识的时代,信息化是当今世界经济和社会发展的大趋势,也是我国产业结构升级和实现工业化、现代化的关键环节。

5.1.1 企业信息化

企业信息化就是用现代信息技术来实现企业经营战略、行为规划和业务流程。企业信息化大大拓宽了企业活动的时空范围,在时间上,企业信息化以客户需求为中心实施敏捷制造、业务运营与管理;在空间上,企业信息化以虚拟形态将企业整个供应链聚合在网络世界上进行协同管理,真正实现了"运筹帷幄之中,决胜千里之外"。

5.1.1.1 企业信息化内涵

随着信息技术的发展,以计算机和网络技术为核心的信息技术逐步渗透并彻底改造了企业的产品研发、制造、办公和管理,使传统的人工作业工具发展成电子化、自动化、智能化的工具。

概括地说,企业信息化就是"在企业作业、管理、决策的各个层面,科学研究、过程控制、事务处理、经营管理的各个领域,引进和使用现代信息技术,全面改革管理体制和机制,从而大幅度提高企业工作效率、市场竞争力和经济效益。"

5.1.1.2 企业信息化必须走两化融合之路

两化融合是国家提出的信息化战略,信息技术作为崭新的工具已经或正在改变着企业的生产方式、运作方式,改变着企业的商业模式和生存环境。企业生存环境变化的基本特征是信息的丰富性、流动性和价值化。企业的经营活动越来越需要围绕着信息的获取、传递、共享和应用来展开。企业只有运用信息技术提升传统的生产方式和管理方式,增强信息处理能力,使人、技术和过程三者协调发展,才能不断发展和形成核心能力,赢得和保持竞争优势。从笔者近年调研的三家集团性企业的信息化趋势分析,工业化和信息化的融合是信息技术直接创造效益的重要模式。从技术层面看,其是将业务管理系统与生产操作系统进行集成,如 ERP 与 MES 集成,MES 与生产设备进行集成和数据交互。紫金矿业集团和翔鹭集团已经从两化融合中直接得到效益,提高了产量和质量。

从宏观的角度看,发达国家半个世纪前已完成工业化,其企业信息化也已经达到较高水平,而我国企业信息化技术应用总体上处于起步阶段,在产品设计、制造以及组织管理上与发达国家存在着较大差距。因此,从三家集团性企业分析,集团企业(包含制造业)不能等工业化完成后才开始信息化或停止工业化只搞信息化,而应该抓住云计算技术、物联网技术的发展机遇,通过信息化促进工业化,通过工业化为信息化打基础,走信息化和工业化并举、融合、互动、相互促进、共同发展之路。

5.1.1.3 企业建设信息化的意义

(1)有利于形成现代企业制度和提高企业竞争力。现代企业制度的主要内涵是产权清晰、权责明确、政企分开、管理科学,健全决策、执行和监督体系,使企业成为自主经营、自负盈亏的法人实体和市场主体。企业信息化和建立现代企业制度是互动关系,彼此相辅相成,互为促进,没有企业信息化就没有企业现代化,更不可能建立现代企业制度。

在新时代,我国企业将直接面对国外跨国公司在国内外市场上的激励竞争。推行企业信息化,可以提高企业在市场竞争中的快速反应能力,进而提高企业的市场生存能力和市场竞争能力,使其在激烈的市场竞争中立于不败之地。

(2)有利于形成规模生产和完善的供应链。企业信息化建设的重要作用之一是能够促进企业的规模化生产。一方面,企业通过推广应用计算机辅助设计(computer aided design,CAD)、计算机辅助制造(computer aided manufacturing,CAM)和计算机集成制造系统(computer integrated manufacturing system,CIMS)等先进信息技术,大幅度提升企业在产品设计、制造、检测、销售、物料供应等方面的自动化水平和生产能力,生产效率明显提高,从而实现规模化生产。另一方面,企业通过信息化网络建设,增强了企业与客户、企业与市场的信息沟通,客户的需求和市场的起伏能迅速反馈到企业,使企业能够争取到更多的订单,提高企业的市场应变能力。

推行企业信息化,企业可以把经营过程中的各个有关方面如供应商、制造工程、分销网络和客户等纳入一个紧密的供应链中,可以有效地安排企业的产品供销活动,满足企业利用一切资源快速高效地进行生产经营的需求。因此,过去单一企业间的竞争已转变为企业竞争链之间的竞争,供应链管理已经成为企业管理的一个重要内容。企业通过 ERP、CRM 等系统的实施与应用,实现了产成品的整个营销过程的信息化管理,包括市场活动、营销过程与售后服务三大环节的管理,促进企业信息流、资金流和物流的快速流动,有利于完善企业供应链。

(3)有利于企业面向市场并更好地服务于市场。在信息时代,企业竞争中的"大"吃"小"正在转向"快"吃"慢"。传统的企业组织结构存在多等级、多层次、机构臃肿、横向沟通困难、信息传递失真、缺乏活力、对外界变化反应迟缓等弊端。而信息技术的飞速发展,从根本上改变了组织收集、处理、利用信息的方式,从而导致组织形式的巨大变革,推动了业务流程再造乃至组织结构的重构。原有的塔形结构被精良、敏捷、具有创新精神的扁平化"动态网络"结构所取代,使信息沟通畅通、及时,使市场和周围的信息流通和决策层的反馈更为迅速,提高了企业对市场的快速反应能力。

(4)有利于加速工业化进程。用信息化带动工业化,是国民经济发展的重要步骤之一。在现阶段推行企业信息化是一种跨越式的发展,从厦门市几家大型集团性企业可以看出,先信息化,再与生产系统集成,推动工业化进程。

5.1.2 集团的信息化

为了应对日益激烈的竞争局面,近年来国家和地方政府纷纷将很多国有企业合并重组为集团。实施大公司、大集团战略已成为我国国有大中型企业改革和发展的一项重大决策。

比如,重组后的集团企业最敏感地感受到了信息技术发展所带来的竞争压力。为了提升企业的核心竞争力,一些集团企业开始借助信息化手段来全面支持企业的业务发展战略规划。信息化已成为集团企业在新的发展时期促进和带动各项管理工作创新与升级的重要手段。因此,本书希望通过探讨集团企业信息化规划和实施思路,为集团企业的信息化建设提供借鉴。

5.1.2.1 集团企业信息化建设现状分析

集团企业一般都是从事关系地方甚至国计民生的重要行业,在国民经济发展中占有极其重要的地位。由于历史的原因,集团信息化水平因行业技术水平、地区经济发展水平、竞争环境、效益等因素而存在差异。一般来说,技术含量高的、处在经济发展水平高的地区、行业竞争压力大的、经济效益较好的集团企业信息化需求较为强烈,信息化建设水平也较高。如国内石油化工、电力、航空、烟草行业的集团企业。

总体而言,绝大多数集团企业的信息化水平远远落后于跨国企业,甚至与上述集团企业相比差距也较大,基本上处于将信息技术应用局限于单一功能或管理领域的初级阶段,离信息技术应用于经营管理的整个流程和集团企业外部还有很长一段路要走。根据笔者在博士后期间调研的三家大型集团企业的实践体会,总体来说集团企业在信息化建设方面主要存在以下问题:

(1)集团成员企业的信息化基础差距较大:国内新组建的集团普遍存在成员企业应用水平参差不齐,集团总部和大多数成员企业信息化基础相对薄弱的局面。

(2)集团企业信息化建设复杂程度较高:除一些主体业务领域突出的集团企业可以围绕如 ERP 这样的制造业通用软件或行业专业管理系统进行信息化建设外,很多集团企业往往是跨多个行业领域,这导致集团内部成员企业间的信息化建设模式和思路各不相同,极其容易形成"信息孤岛"。比如,笔者入职的信达股份公司,该公司 SAP 已经上线近三年,但除集团总部外,其他子公司仅使用 SAP 的 FI(财务)和 CO(成本)两个模块,这两个模块与其他业务系统基本隔离,系统间没有开发接口进行集成和优化。

(3)集团企业较少从企业战略发展的高度去考虑信息化建设问题:集团企业还未形成定期制订或修订中长期信息化规划的制度,通过这一制度可以定期考虑信息系统能否支持企业未来的业务发展,而不是缺什么就建什么,缺乏总体规划。

(4)集团企业缺少既懂管理又懂技术的各级复合型信息化人才:集团企业信息化复合型骨干人才匮乏且流失严重,使得各级信息化决策人员没有认识到信息化的本质是管理问题,他们往往从技术和成本角度选择高校或纯软件公司进行自行系统开发,增加了项目的风险。

(5)集团企业信息标准化体系和安全保障体系建设相对滞后:信息标准体系建设的落后约束了信息资源的开发利用,同时又由于缺少系统的管理手段和防范措施,信息安全保障机制无法满足应用系统发展的需要。

5.1.2.2　信息化建设的主要任务

数据平台是基础,网络平台是载体,应用平台是核心,标准化和安全体系是保障。集团信息化建设的内容也是围绕数据平台、网络平台、应用平台和保障体系建设来开展,并根据集团和各公司的经营模式、产品特点、管理流程规划了信息化建设的阶段任务。在此基础上,坚持分步实施、重点突破、务求实效的原则,稳步推进信息化建设,实现以信息化投入促进效益增长,以效益增长加大信息化投入的良性循环。从笔者调研的三家企业来看,集团性企业的信息化任务包括如下几点:

(1)网络平台建设。

信息基础设施建设是实现集团信息化的根本保证。网络基础设施是所有应用的基础,是企业信息化的第一步。未来集团企业将基本形成以集团中心机房、仓储中心机房和外高桥储备码头中心机房为通信中心,以集团广域网为主干,与粮油信息专用网、子公司局域网互联的数据通信平台。

(2)应用平台建设。

为了进一步加强集团企业的集中管理和控制力度,分别进行集团层面的应用系统与四大业务基层应用系统建设,并由此构建整个集团应用平台。这是集团信息化建设的核心,是实现集团现代化管理的保证。

比如,按紫金矿业集团的组织架构,它们按总部、区域公司、子公司(控股公司)三级管控模式,基层单位的业务应用系统建设是集团信息化的重要组成部分,是集团数据信息之源。因此该集团围绕核心业务"重点采矿"和"冶炼加工"进行企业的系统建设、矿业信息系统开发建设、矿业及仓储物流企业的物流信息系统建设、业务的客户关系管理及供应链系统建设。

集团层面应用系统在继续完善满足对外宣传和信息发布要求的对外信息门户、满足信息共享和内部交流需要的对内信息门户、基于信息技术的分析监控系统等的同时,该集团在集团总部层面还将重点着手对人力资源系统、报表数据采集系统、业务协同系统和档案管理系统的建设。

(3)数据平台(信息资源)建设。

数据平台与网络资源是集团信息化和未来经济发展的战略资源,数据平台的建设要与网络建设和应用工程建设同步考虑、同步规划、同步建设。该集团的数据仓库系统是集团信息化平台进行数据采集、存储、处理、发布、维护、分析的核心。如未来随着些金矿业集团报表数据采集系统、外高桥码头系统等的建设和实施,将进行数据平台(数据仓库)的二期建设,争取将数据仓库的经营数据范围覆盖到所有二级企业,报表数据范围覆盖到所有企业。

(4)保障体系建设。

信息技术成功应用和效益最大化的一个项重要条件是建立统一的信息保障体系。集团企业必须建立和形成符合自身管理要求的信息基础标准体系(包括数据元素标准、信息分类编码标准、要领和逻辑数据库标准等)、信息管理开发利用体系和信息安全保障体系。这些标准体系的建立和执行,是集团信息化建设避免重复投资、加速信息流通、实现信息授权共享、取得最大效益的基本前提和基础。

一方面是信息基础标准体系。企业信息化建设中的信息基础标准化工作是一项具有知识密集、资料密集、工作量大等特点的基础性系统工程。它是各个信息系统信息共享、交换和集成的保证。如紫金矿业集团信息标准化体系建设步骤如下:

第一步:从基础标准中核心的信息分类编码标准着手,将外高桥码头项目乃至集团内的各类数据进行统一分类标准,为数据集成打下数据基础。

第二步:制定统一的平台和数据接口交换标准,建立各应用系统集成的技术标准,为应用集成打下技术基础。

第三步:制定各应用系统和网络系统设计开发的规范,优化基础设施配置规范和软件开发的质量水平,实现信息化过程的标准化。

另一方面是安全保障体系。集团企业坚持积极防御、综合防范的方针,在全面提高信息安全防护能力的同时,重点保障基础网络和重要应用系统的安全。

首先采用密码加密、完整性校验和实体鉴别等机制,实现局域网互联过程的安全可信连接和安全通信。

其次设立安全管理中心和密码管理中心,提供认证、授权、实施访问控制策略等服务和互联互通密码配置、公钥证书、传统的对称密钥的管理。

通过建立信息安全的有效防护机制和应急处理机制,从物理级、系统级、网络级和应用级采用一系列统一协调的安全措施,构造一个基础的安全防御技术和管理体系,形成完善的信息安全保障体系。

虽然从技术层面可以在一定程度上保障信息的安全,但管理层面的完善,也同等重要。笔者调研的某集团企业,对邮件系统的管理员疏于监管,他运用管理员密码窃取了许多领导层的邮件,并泄漏了高层间的不可公开信息,给企业带来很大的影响。

5.2 集团的信息化规划及其特点

信息化建设是一个长期的工作,通过信息化规划可以确定中长期信息化建设目标和步骤,分步实施以降低信息化的风险。本节中某集团的信息化规划的总体目标和实施内容仅供大家参考。希望处在成长期的众多集团企业能够根据企业战略规划制定好自身的信息化规划,为集团企业的经济发展做出应有的贡献。

5.2.1 信息化规划的定义和目的

信息化战略是指为了实现一个组织的 IT 目标、使命和远景,建立与 IT 目标互相一致的 IT 架构所制定的高层计划和实施指南。本节内容主要论述信息化和信息化规划的定义,从不同角度阐述信息化规划的目的,使大家对信息化规划有一个概要的认识,为进一步做好信息化规划打好基础。

5.2.1.1 信息化规划目的

信息化战略规划是指以整个组织的发展目标和发展战略为指导,以业务需求为依据,结合行业信息化方面的实践和对信息技术发展趋势的把握,定义组织信息化的目标、使命和远景,确定主要任务和战略步骤,规划出信息化架构,为信息化建设与发展提供一个完整的蓝图,前瞻性地、全面地、系统地指导组织信息化的进程。

5.2.1.2 信息化规划定义

企业信息化规划是指为企业发展目标与经营战略制定的企业信息化建设与发展的总体思路及指导体系,也就是指在理解企业发展战略和评估企业信息化现状的基础上,融合所属行业信息化实践经验以及对最新信息技术发展的认知,提出切合企业实际的信息化建设的远景、目标和战略以及相应信息系统的架构设计、组织和实施策略,全面系统地指导企业信息化建设的开展,满足企业对信息化可持续发展的需要。实质上是从企业业务战略到信息战略的映射、对业务战略的落实和实现过程。信息化规划需要坚持两个原则:一是以企业战略为出发点,而不仅仅是从信息系统的需求进行考虑,这可以避免因脱离企业发展目标而进行盲目的信息化建设的困境;二是以企业业务的变革为出发点,而不是从信息技术的应用进行考虑,这有利于充分利用企业现有资源来满足企业发展关键需求的信息化支撑,从而避免因信息化建设的信息系统缺乏有效的支持企业的决策分析。如果不坚持以这两个原则进行信息化规划,将会给信息化建设带来人、财、物等的浪费,严重的会阻碍企业发展。

5.2.1.3 企业信息化规划目的

笔者认为企业信息化规划的目的主要包括以下四个方面:

第一,科学地开展信息化建设。针对企业的现状、战略、业务、市场,选择合适的信息化建设路线图,提出适合企业自身发展需要的信息战略规划,能符合企业 3～5 年长期发展战略需要,并且能适应企业成长的业务、资金、扩张的年度信息化发展需要。

第二,提高企业信息管理水平。针对企业业务的信息需求和市场驱动需要,明确信息系统的技术、数据、应用标准和架构,提出与企业相匹配的具体解决方案结构,设计企业信息架构的总体布局。提高企业信息管理水平,有效、便捷地处理市场信息数据,应用数据挖掘技术高效率地处理和分析数据,支持决策层及时有效地调控和管理以应对市场的变化和需要;整合信息资源增强决策层管理控制,准确、有效、及时地发现企业内部的问题,强化管理,有效控制成本,提高企业运营效率。

第三,提升企业核心竞争力。针对企业现阶段整体运营状况,采用更有效的信息化解决方案提高业务管理和运作效率,促进业务创新和模式创新,并且提高企业的综合管理水平,将信息化水平打造成为企业的核心竞争力之一,使企业具有持续创新能力,以此提升企业核心竞争力。

第四,保障企业信息化顺利实施。企业信息化实施,涉及组织、开发、项目管理、营运、资金、人员、流程等全方位的系统工程问题,通过信息化规划制订可靠的实施保障计划,以保证信息化建设顺利实施。

5.2.2　企业信息化规划的意义

一般来讲,信息化规划的意义可以概括为"贯彻企业业务战略、把握业务需求,规划 IT 架构,明确实施策略"。规划开展的过程也是企业全员尤其是各级领导统一思想、提高认识、明确目标任务的过程,这个过程非常重要。

5.2.2.1　企业信息化规划创造价值

企业信息化规划创造价值可以概括为以下四个方面:

第一,指导信息化建设。企业信息化建设是一个系统工程。通过规划帮助企业信息化建设步入正确的发展轨道,以实现企业经营中的信息流、物流、资金流的有机组合和优化运作,来提升企业整体协作能力、整体竞争能力。

第二,构建企业业务与信息技术之间的通道。在企业信息化建设中,规划以业务战略为方针,以业务流程优化为前提,能够建立业务与信息技术的通道。其在同一个业务架构平台上,用双方都能够理解的语言,描述出业务与信息技术之间的关联。

第三,制定统一标准、整合信息资源并实现资源共享。规划能够从总体上搭建信息架构,统一信息资源使用标准,定义应用系统之间集成的数据接口,以整合信息资源,实现信息系统的集成和相互操作,达到信息资源共享。

第四,引导信息化建设。企业信息化建设是一个渐进过程,在信息化过程中也伴随着企业战略、管理和业务变革的发生,信息化规划将引导信息化建设适应企业业务变革。企业信息化规划所描绘的路线图包括各种业务与技术标准,是企业信息化建设的方向,也是适应业务战略变革的关键。

5.2.2.2　企业信息化规划意义

企业信息化规划工作能够从战略的高度、管理的视角重新审视企业信息化建设的现状与不足,并结合国内外行业最佳实践、IT 应用趋势,对企业的信息化建设战略、目标、应用架构、技术路线等进行系统的思考、统筹的规划、详细的分析,为企业下一步信息化建设提供具有操作性的指导。

　　企业信息化规划的意义如图 5-1 所示。对于不同类型的企业体现的意义会有所不同,主要从以下四个方面予以论述。

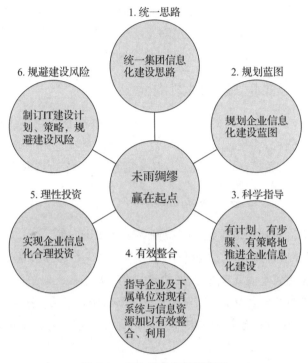

图 5-1　企业信息化规划意义

　　第一,统一企业对信息化的认识,为企业提供一个明晰的框架以加强信息化战略管理。信息化规划通过评估企业现有的信息化技术架构、平台、网络、应用软件、流程、数据、人力资源等,对企业的信息化现状进行分析,判断目前信息化建设所处发展阶段,使企业能够评价自身当前的信息化应用水平;同时结合企业发展战略提出未来对信息化能力的需求,研究信息化能力差距和信息化发展能力蓝图,为企业确定下一步信息化建设的重点,构建一个明晰的框架。信息化规划使企业能够真正发挥信息化建设的主体作用,规避因 IT 厂商片面之词而盲目实施不适合自身发展的信息系统。

　　第二,使信息化与企业战略紧密结合,增强企业核心竞争力。信息化规划只有与企业战略结合才能真正提升企业竞争优势。信息化规划在战略层面上,帮助企业确立总体战略目标及所处竞争环境,并在总体战略的指导下,根据自身的现状、能力和竞争环境的要求,制定切实可行的信息化战略。信息化规划能够提高企业管控信息化建设的能力,使企业信息化建设的步骤、重点、方向与企业的发展战略统一,提升企业核心竞争力。

第三,促进信息系统实施,辅助和优化企业业务流程。信息化规划以业务流程为切入点,融合业务策略、业务流程以及信息化战略、信息系统。信息化规划有助于梳理业务流程,清除不利于企业运营的障碍流程,合并无用流程或重叠流程,以改进流程、提高效率、降低成本。其还有利于确定信息化差异、设计未来业务蓝图以及选择信息化实施策略,使信息化能够为企业业务策略和目标提供更好的服务,辅助信息化系统成功实施。

第四,降低信息化投资风险,提高信息化投资收益。信息化规划在实施策略的制定过程中,重点在于信息化风险的评估及应对手段。通过对信息化战略、信息化流程、信息化应用系统、信息化基础设施及信息化组织结构的规划与设计,明确企业未来一个时期信息化建设的框架,将会有效降低企业实施信息化过程中的各种风险。而且在信息化规划过程中,通过分析对企业核心竞争力有重要影响的关键业务流程,以及在此基础上确定未来应用的系统架构,实现企业从信息化建设中获得最大投资收益。

5.2.3　多行业集团的信息化规划特点

由于多行业集团的特点,在进行信息化规划时,应有其相应的对策。根据笔者对信达等三家集团性企业的观察,多行业集团的信息化有以下几个特点:

(1)企业所涉足的行业较多,信息技术部门对各行业的了解有限:多元化集团型企业由于涉足的业务领域不同,所以不论是 IT 部门的成员还是集团其他职能部门的成员想要深入了解各行业的难度很大。比如,信达股份既有传统的外贸、房地产、物业等业务,又有信达光电、信达物联等高科技行业。翔鹭集团以化工产业链为主,还涉及酒店、房地产、物业、健康管理等领域。

从目前国内企业的信息化进程来看,IT 部门对信息化的推动作用是企业信息化成功的必要条件。如果不熟悉业务,那么就无法胜任这一角色。这一缺陷势必会对多元化集团型企业的信息化进程造成不良影响。

(2)企业整体规模大,各产业发展不均衡,信息化需求不同,投资能力不均衡:从多元化集团型企业的发展历程来看,一般是由一个主业起家,然后由于不同的投资倾向会产生不同的多元化模式。若企业在主业的基础上向相关行业投资,那么将产生相关多元化的集团企业;若向与主业无关的行业投资,则产生非相关多元化的集团企业。多元化的企业虽然整体规模较大,但是由于资源的限制、投入的早晚等因素的制约,造成所涉足的各行业发展不均衡。发展的不均衡导致了信息化的需求层次不一致。另一方面,随着企业规模的不断扩大,企业管理模式在发生变化,逐渐由集权向分权模式过渡。目前多元化集团企业普遍采用事业部制的组织结构,管理原则是"集中政策,分散经营",即各事业部实行独立经营、单独核算,所以各产业公司发展的不均衡导致各业务单元在信息化的投资能力方面不均衡。

(3)行业间更容易产生信息孤岛,信息集成难度大:企业中各行业的发展不均衡导致他们各自所处的信息化阶段不同,而且信息化程度也不相同,很容易导致行业间的信息孤岛。此外,不同的行业有不同的标准,信息化标准不一致增大了行业间信息集成的难度。

(4)企业规模越大,对集成的要求越高:随着企业规模的不断扩大,企业的管理难度也会越来越大。信息系统是企业管理的有效工具,所以企业会对信息化的需求越来越强烈。需要有效管理各行业的资源,就要对各行业的信息进行集成。所以规模越大,企业对集成的要求也越大。

(5)管理软件与生产系统脱节:管理软件与生产系统的脱节使得企业管理人员无法及时、直观地了解生产现场的运行情况。通常要花费大量人力物力手抄报表,一方面数据准确性无法保证,另一方面企业根据手抄报表无法进行数据分析与挖掘,所以也就无法实现对数据资源的有效利用。各产业公司有自己独立的底层控制系统,这些系统形成信息孤岛,无法统一规划全厂资源。

因此,集团企业信息化建设必须要明晰集团发展战略,整体规划,方能拨开迷雾见朝阳。以紫金矿业集团为例,公司高层极重视信息化规划,曾多次请 IBM、金碟、用友等知名 IT 企业为其集团进行信息化规划,期望能为其集团信息管理部门提供总体业务的指导。

5.2.4 信息化规划内容

信息化规划就是在一个企业或组织愿景和战略明晰的前提下,利用企业总体架构设计的方法,描绘出一幅人与流程、技术相结合的企业运营蓝图。信息化规划的主要内容包括一个组织的指导思想、基本原则、战略目标、主要任务和战略步骤等。规划内容中主要从企业架构、企业 IT 战略规划以及企业 IT 实施蓝图三个层次来阐述企业信息化规划的具体内容。从另一角度,信息化规划内容由以下四个方面组成。

(1)确定信息系统的总体目标和发展战略:进行管理信息系统规划,需要根据组织的战略目标和内外约束条件,确定系统的总体目标和总体结构。

(2)了解和分析企业当前信息系统以及管理状况:应充分了解和评价现有

信息系统的状况,包括硬件设备、人员、应用情况等。同时,对于企业当前的组织结构、业务流程、企业文化、管理制度等情况进行分析。

(3)对相关信息技术发展的预测:管理信息系统战略规划必然要受到当前和未来信息技术发展的影响。

(4)制订近期计划:由于信息系统的规模不同,规划的内容不完全相同。在战略规划适用的前几年中,依据企业的生产经营规模和战略规划做较具体的安排。

下面是某股份有限公司的信息化规划书的大纲内容:

第 1 章　公司信息化需求分析

　　1.1　公司经营发展环境分析

　　1.2　公司经营发展目标与策略

　　1.3　公司股份信息化现状与未来需求

第 2 章　公司信息化建设的指导方针、发展战略和目标

　　2.1　公司信息化建设的指导方针

　　2.2　公司信息化建设的发展战略

　　2.3　公司信息化建设的重点、阶段和目标

第 3 章　公司信息化发展基础建设

　　3.1　系统平台需求分析

　　3.2　网络系统整体结构

　　3.3　硬件需求

　　3.4　软件需求

　　3.5　数据库

　　3.6　通信设施

第 4 章　公司信息化发展主要应用系统

　　4.1　公司信息化总体架构与应用模型

　　4.2　综合管理信息平台主要应用系统

　　4.3　财务综合管理信息系统

　　4.4　下属单位其他主要应用系统

第 5 章　支持公司信息化建设的未来主要管理战略

　　5.1　信息化发展所需资源的获取方法

　　5.2　组织架构重组

　　5.3　业务过程重组

5.3 集团企业的信息化规划的方法

集团的系统规划的主要方法包括：价值链分析法、企业系统规划法和关键成功因素法。

5.3.1 价值链分析法

价值链分析法分成支持价值过程和主要价值过程，其中，主要价值过程包括与生产和经营相关的核心过程，直接为企业创造价值，如图 5-2 所示。在笔者调研的某信息集团股份有限公司，其价值链如图 5-3 所示。

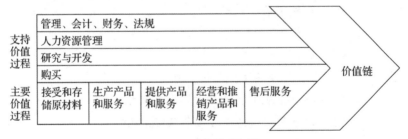

图 5-2 价值链分析法

比如，沃尔玛的价值链战略：比对手更低的价格将商品送到超市的货架上。以信息技术为基础，设计了一个复杂的后勤保障系统，大批商品迅速分配到各超市，也实现了较低的仓储费用。

图 5-3　某公司制定的价值链分析法

5.3.2　企业系统规划法

企业系统规划法(business system planning,BSP)是为指导企业管理信息系统建设而建立起的一种方法。这是一种结构化的方法,它可以帮助企业做出管理信息系统的规划,来满足其近期和长期的信息化建设需求。

5.3.2.1　基本原则

BSP 的基本原则:

(1)支持企业的总体目标;

(2)管理信息系统的功能应能表达出企业中各个管理层次的需求;

(3)管理信息系统应该向整个企业提供一致的信息;

(4)管理信息系统的规划能适应组织机构和管理体制的变化;

(5)使系统结构具有良好的整体性;

(6)便于实施。

5.3.2.2　基本思想与过程

企业系统规划法的基本思想与过程如图 5-4 所示。

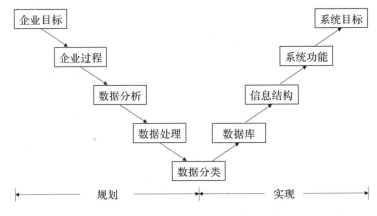

图 5-4 企业系统规划法的基本思想与过程

5.3.2.3 工作步骤

BSP 是通过全面的调查,分析企业信息需求,制订信息系统总体方案的一种方法,其主要工作步骤如下:

(1)确定管理目标;

(2)准备工作;

(3)企业调研;

(4)定义企业过程;

(5)定义数据类;

(6)分析原系统(问题点);

(7)确定管理部门对管理信息系统的要求;

(8)提出判断和结论;

(9)定义系统的总体结构;

(10)确定总体结构中的优先顺序;

(11)提出建议书和开发计划;

(12)提交规划成果报告。

下面分别说明定义企业过程、定义数据类和定义系统的总体结构三个部分。

①定义企业过程。定义企业过程应独立于组织机构,从企业的全部管理工作中分析归纳出相应的业务过程。其步骤如图 5-5 所示。

识别了企业过程之后,可以把过程和组织之间的关系画在一张表中,这就是定义组织/过程矩阵,它表达了组织与过程之间的关系现状。比如,企业的

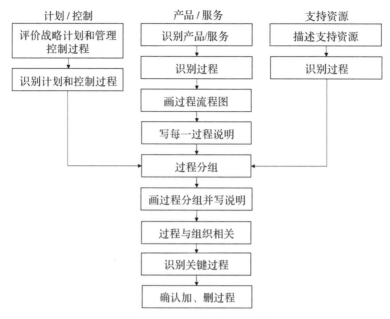

图 5-5　定义企业过程的步骤

核心的科室(部门)有财务科、销售科、设计科等,企业过程分成市场、销售、工程等,对它们进行匹配,如图 5-6 所示。

过程 组织	市场		销售			工程		材料管理		财务		
	设计	预测	区域管理	销售	订货服务	设计开发	产品规格	采购进货	库存控制	财务计划	成本核算	基金管理
财务科	√			★			★		★	○	○	○
销售科	○	○	○	○	○							
设计科		√				○	○					
供应科		√					√		√			
……												

说明:　○为主要负责　　　√为参加　　　★为一般参加

图 5-6　组织/过程矩阵

　　②定义数据类。每一个过程都有相应的输入和输出数据,对每一个过程标出其输入、输出数据类,最后归纳出系统的数据类。企业的数据类个数与企业的规模和业务复杂度相关。定义数据类的基本方法仍然是对企业的基本活动进行调查研究。一般采用实体法和过程法。过程法对每一个过程都有相应的输入和输出数据,标出其输入和输出数据,图 5-7 所示为过程法示例图。

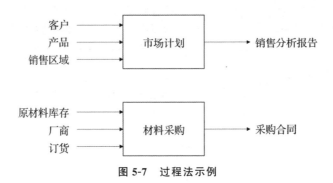

图 5-7 过程法示例

企业过程和数据类定义完成后,可以得到一张过程/数据类矩阵(也称 U/C矩阵),表达过程与数据类之间的联系,过程/数据类矩阵的形成过程为:

a.将过程按发生先后顺序排列,作为行变量;

b.将数据类按列排放,作为列变量;

c.交叉处放 C 或 U,其中,C 表示这类数据由相应过程(功能)产生。U 表示这类过程(功能)使用相应的数据类。

图 5-8 所示为一过程/数据矩阵示例。

数据类 / 过程	客户	订货	产品	加工路线	材料表	成本	零件规格	材料库存	成品库存	职工	销售区域	财务	计划	设备负荷	材料供应	工作令
经营计划						U						U	C			
财务规划						U					U	U	U			
产品预测	U		U										U			
设计开发	U		C		U		C									
产品工艺			U		C		U	U								
库存控制								C	C					U	U	
调度			U											U		C
生产能力计划				U										C	U	
材料需求			U		U										C	
作业流程				C										U	U	U
销售区域管理	C	U	U													
销售	U	U	U								C					
订货服务	U	C	U													
发运		U	U							U						
会计	U		U							U						
成本会计		U				C										
人员计划										C						
人员招聘考核										U						

图 5-8 过程/数据矩阵示例

③定义系统的总体结构。其总体结构的过程为：

首先，调整 U/C 矩阵，调整表中的行变量或列变量，使得"C"元素尽量地朝对角线靠近。其次，划分子系统，以"C"元素为标准，将业务流程和数据类依据其管理的资源划分成若干组，并用方框框起来。图 5-9 所示为子系统划分图。

过程	数据类	计划	财务	产品	零件规格	材料表	材料库存	成品库存	工作令	设备负荷	材料供应	加工路线	客户	销售区域	订货	成本	职工
经营计划	经营计划	C	U													U	
	财务规划	U	U													U	U
	产品预测	U		U									U	U			
技术准备	设计开发			C	C	U							U				
	产品工艺			U	U	C											
生产制造	库存控制						C	C	U		U						
	调度			U					C	U							
	生产能力计划									C	U	U					
	材料需求			U		U					C						
	作业流程								U	U	U	C					
销售	销售区域管理			U									C	U			
	销售			U									U	C	U		
	订货服务			U									U		C		
	发运			U											U		
财会	会计			U									U				U
	成本会计														U	C	
人事	人员计划																C
	人员招聘考核																U

图 5-9　子系统划分

（图片来源：郭宁，郑小玲.管理信息系统[M].北京：人民邮电出版社，2006：75-76.）

5.3.3　关键成功因素法

前面的企业系统规划法属于全面调查法，另一类是重点突破法，即首先抓住影响系统成功的关键因素进行分析以确定组织的信息需求。关键成功因素法就是这类方法的应用典型。

5.3.3.1　关键成功因素的概念

关键成功因素（critical success factors，CSF）是指对组织成功起关键作用的因素。每个组织能否取得成功总要受到多种因素的影响,但真正起作用的影响因素并不多,这些少数因素起着至关重要的作用。

5.3.3.2　CSF 方法的步骤

(1)了解组织和管理信息系统的战略目标;

(2)识别关键成功因素;

(3)明确各关键成功因素的性能指标和评估标准;

(4)定义衡量关键成功因素指标的数据字典;

(5)建立相应的信息系统。

5.3.3.3　SWOT 分析法

SWOT 分析法是一种常用的战略管理工具,用于评估一个企业或项目的内部优势(strengths)、内部劣势(weaknesses)、外部机会(opportunities)和外部威胁(threats)。这种分析有助于企业或项目确定自身的优势和劣势,以及外部环境中的机会和威胁,从而制定相应的战略和应对措施。以下是 SWOT 分析法的完整步骤:

(1)内部优势:企业或项目相对于竞争对手拥有的内在优势和资源。在进行 SWOT 分析时,需要考虑以下 5 个方面。

①技术优势。企业是否拥有先进的技术、专利或专有技术?

②品牌优势。企业是否有知名度高、信誉良好的品牌?

③资源优势。企业是否拥有充足的资金、人力资源或物质资源?

④生产能力。企业是否具有较高的生产能力和供应链管理能力?

⑤产品或服务优势。企业是否提供独特的产品或服务,具有竞争优势?

(2)内部劣势:企业或项目相对于竞争对手存在的内在不足和弱点。在进行 SWOT 分析时,需要考虑以下 5 个方面。

①技术落后。企业是否技术水平落后于竞争对手?

②管理不善。企业是否存在管理层次不清晰、决策效率低下的问题?

③资源匮乏。企业是否缺乏足够的资金、人才或物资资源?

④产品或服务不足。企业是否缺乏创新能力,产品或服务不够多样化或不能满足市场需求?

⑤品牌形象不佳。企业是否有负面舆论、售后服务不佳或产品质量问题?

(3)外部机会:企业或项目在外部环境中可以利用的有利条件和机遇。在进行 SWOT 分析时,需要考虑以下 5 个方面。

①市场增长。市场是否处于快速增长阶段,存在新的销售机会?

②技术进步。是否有新的技术、产品或服务可以提升企业的竞争力?

③政策支持。是否有政府政策或法规支持企业发展,如减税政策、补贴政策等?

④行业趋势。是否存在行业趋势或潮流,对企业的发展具有积极影响?

⑤合作伙伴。是否有合适的合作伙伴或并购机会,可以拓展企业的业务?

(4)外部威胁:企业或项目在外部环境中可能面临的不利条件和威胁。在进行 SWOT 分析时,需要考虑以下 5 个方面。

①市场竞争。市场竞争激烈,竞争对手的威胁有多大?

②技术风险。科学技术快速发展,技术更新换代对企业的影响如何?

③法律法规。是否存在政策变化或法律法规变化对企业经营产生负面影响?

④经济环境。宏观经济环境是否不稳定,是否存在通货膨胀、利率上升等风险?

⑤自然灾害。是否存在自然灾害或环境问题对企业的生产经营带来影响?

完成 SWOT 分析后,企业或项目可以根据分析结果制定相应的战略和应对措施,以利用优势、弥补劣势、抓住机会、化解威胁,从而实现持续发展和保持竞争优势。表 5-1 所列为 SWOT 矩阵模型。

表 5-1　SWOT 矩阵模型

内部因素	外部因素	
	O (opportunities)	T (threats)
S (strengths)	SO 战略 发挥优势 抓住机会	ST 战略 利用优势 减少威胁
W (weaknesses)	WO 战略 利用机会 克服弱点	WT 战略 减少弱点 规避风险

5.3.3.4　技术趋势分析法

技术趋势分析法通过对信息技术发展趋势的研究和评估,帮助企业了解当前和未来信息技术的发展方向和应用场景,从而指导企业进行信息化规划和投资决策。在信息化规划中,技术趋势分析可以帮助企业选择合适的信息技术和解决方案,提升信息化的前瞻性和竞争力。以下是技术趋势分析法的主要步骤:

(1)技术趋势的研究和评估:技术趋势分析的首要任务是对当前和未来信息技术的发展趋势进行系统的研究和评估。这包括对各种信息技术领域的最新进展、新兴技术的涌现、技术革新的方向等进行分析,以及对这些技术在不同行业和应用领域的应用潜力进行评估。通过对技术发展趋势的深入了解,企业可以更好地把握未来的发展机遇和挑战。

(2)应用场景的探索和验证:技术趋势分析不仅关注技术本身的发展,还注重技术在实际应用中的场景和效果。因此,企业需要积极探索各种信息技术在不同行业和业务领域的应用场景,通过案例研究、实地考察、市场调研等方式验证技术的可行性和适用性。这有助于企业了解技术在不同场景下的表现和效果,为信息化规划提供实践基础和参考依据。

(3)解决方案的选择和优化:技术趋势分析为企业选择合适的信息技术和解决方案提供了重要依据。在面对众多技术选项时,企业需要综合考虑技术的成熟度、适用性、成本效益等因素,结合自身的业务需求和发展战略,选择最适合的技术方案。同时,技术趋势分析还可以帮助企业对现有解决方案进行优化和升级,以适应不断变化的市场环境和业务需求。

(4)前瞻性和竞争力的提升:通过技术趋势分析,企业可以提升信息化规划的前瞻性和竞争力。了解信息技术的发展趋势和应用场景,有助于企业及时把握市场变化和行业动态,及时调整信息化战略和投资方向,保持在激烈竞争中的领先地位。

(5)技术创新和持续改进:技术趋势分析也促进了企业的技术创新和持续改进。企业在对技术趋势进行分析的过程中,不断探索新的技术应用和解决方案,推动技术的进步和创新。同时,技术趋势分析也有助于企业发现现有技术的不足和问题,为技术改进和优化提供思路和方向。

综上所述,技术趋势分析法是企业信息化规划中不可或缺的重要工具,它有助于企业深入了解信息技术的发展趋势和应用场景,选择合适的技术方案,提升前瞻性和竞争力,推动技术创新,实现信息化的战略目标和企业商业价值。

5.3.3.5 风险管理和成本效益分析

风险管理和成本效益分析是信息化规划中至关重要的一环。通过对信息化项目可能面临的风险和挑战进行评估和管理,以及对信息化投资的成本效益进行分析和评估,企业可以制定科学合理的信息化规划和投资决策,确保信息化项目的顺利实施和持续运营。

(1)风险管理:风险管理是信息化规划中不可或缺的一部分,它涉及识别、评估、控制和监测信息化项目可能面临的各种风险和挑战。项目风险管理贯穿项目过程的一系列步骤中,其中包括:风险识别、风险量化、风险应对计划(含风险处理)、风险监控。在进行风险管理时,企业需要从多个方面进行考虑,包括技术风险、项目管理风险、组织变革风险等。通过对潜在风险的全面分析和评估,企业可以采取相应的措施和策略,降低风险发生的可能性和影响,保障信息化项目的顺利实施和运营。图 5-10 给出了项目综合风险因素,图 5-11 所示为企业应用软件风险。

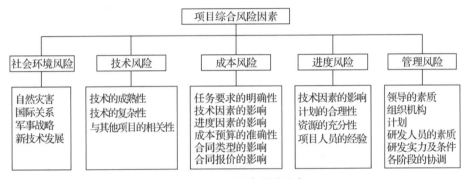

图 5-10　项目综合风险因素

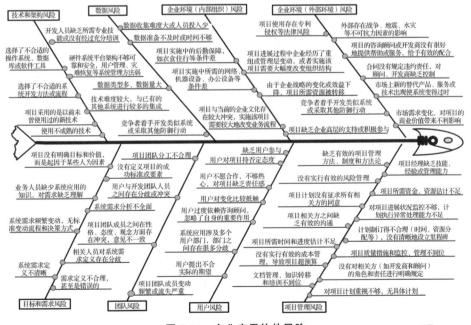

图 5-11　企业应用软件风险

①风险识别。风险识别是 IT 项目管理中的关键步骤,旨在确定可能影响项目成功的各种风险。常用的风险识别方法之一是建立风险条目检查表,通过这个表格帮助项目风险管理者全面了解项目和技术方面存在的潜在风险。除此之外,还有一些其他常用的识别风险的方法,例如专家调查法(包括德尔菲法和头脑风暴法)、流程图法等。这些方法可以帮助项目团队全面、系统地识别潜在的风险因素,为制定有效的风险应对策略提供重要参考。在风险识别阶段,识别各种潜在危险并对其后果进行定性估量是至关重要的。然而,有些风险难以通过统计方法、实验分析或因果关系论证来确认,例如市场需求变化对项目经济效益的影响,以及同类软件开发商对本组织竞争的影响等。在这种情况下,专家调查法是一种常用的方法。它主要包括两种形式:头脑风暴法(也称为集思广益法)和德尔菲法。

头脑风暴法通过集体讨论的方式,利用专家团队的集体智慧,鼓励他们自由表达各种潜在风险和后果。而德尔菲法则依赖于专家的直觉和经验,通过多轮调查意见的汇总和逐步集中,以达成某种程度上的一致意见,其步骤如图5-12 所示。这两种方法都有助于全面识别潜在风险,并为项目团队制定有效的风险管理策略提供重要参考。

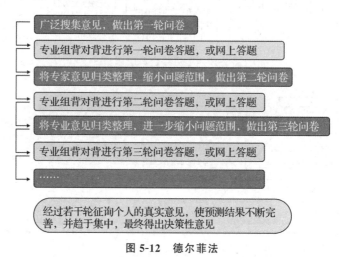

图 5-12　德尔菲法

②风险量化。其又称风险预测,企业对已识别的风险要进行估计和评价。风险估计的主要任务是确定风险发生的概率与后果,风险评价则是确定处理该风险的经济意义及费用效益分析,风险管理的成本一般不应超过潜在的收益。量化风险的工具和技术包括:期望货币值(expected monetary value,EMV)、计算风险因子、计划评审技术(program evaluation and review technique,PERT)、模拟(蒙特卡罗分析)法、专家判断(主要是德尔菲法)。其中,期望货币值进行量化风险的公式为:风险值＝风险概率×风险影响值(收益结果)。

③风险应对。其指根据风险评估的结果,为消除或者减少风险造成的不良后果而制定的风险应对措施。风险应对方案必须考虑风险的严重程度、对项目目标的影响和风险应对措施所花的费用,综合决策选择应对措施。项目管理中的风险应对及措施包括四种主要方式:风险减轻、风险规避、风险转移和接受风险。首先,风险减轻是指采取主动措施来降低风险的概率和影响,或者采取紧急方案来应对风险事件,以尽量减少其对项目的影响。其次,风险规避意味着通过调整项目计划或制定额外措施来消除风险或其触发条件,从而确保项目目标不受影响。例如,在设计阶段进行设计评审,以规避在性能测试阶段可能出现的问题。再次,风险转移是指将风险责任转移给第三方,例如委托第三方开发或使用其技术作为替代方案来降低项目风险。最后,接受风险是指在风险量较小或成本过高的情况下,项目团队选择接受风险并对其进行余留,即不采取额外措施来应对风险。图 5-13 代表了风险概率与损失的关系。

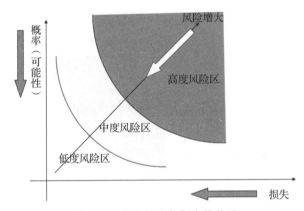

图 5-13　风险概率与损失的关系

④风险监控。风险监控涵盖了对风险发生和风险管理的双重监督。前者是对已识别的潜在风险进行持续监视和控制,以及在风险发生时及时采取应对措施;后者则是在项目实施过程中,监督团队成员严格执行风险管理策略和措施。这一过程确保项目团队能够及时识别和应对潜在风险,并持续关注风险管理措施的有效性,以确保项目顺利实施并达成预期目标。

(2)成本效益分析:成本效益分析是指评估信息化项目投资的收益与成本之间的关系,以确定项目是否具有经济可行性和投资回报率。在进行成本效益分析时,企业需要全面考虑信息化项目的投资成本、运营成本以及预期收益,包括直接收益和间接收益等。同时,还需要考虑项目的风险和不确定性对成本效益的影响,以及不同投资方案的比较和优化。通过成本效益分析,企业可以评估信息化项目的投资回报率和财务可行性,为决策提供依据和参考。图 5-14 所示为成本管理的过程。

图 5-14 成本管理的过程

(3)风险管理与成本效益分析的结合:风险管理和成本效益分析通常是相互关联的,它们共同影响着信息化项目的决策和实施。在信息化规划过程中,企业需要综合考虑项目的风险和成本效益,找到一个平衡点,以确保项目既具有足够的投资回报率,又能控制风险在可接受范围内。因此,风险管理和成本效益分析需要在整个项目生命周期中持续进行,不断调整和优化,以适应不断变化的市场环境和业务需求。

(4)制订科学合理的信息化策略和投资计划:风险管理和成本效益分析的最终目的是帮助企业制订科学合理的信息化战略和投资计划。通过对项目的风险和成本效益进行全面评估和分析,企业可以更准确地把握项目的投资机会和风险挑战,从而制定出更具前瞻性和可行性的信息化规划,实现长期发展和保持竞争优势。

综上所述,风险管理和成本效益分析是信息化规划过程中不可或缺的重要环节,它们为企业提供了评估项目可行性和制定投资策略的有效工具和方法,有助于确保信息化项目的成功实施和持续发展。

5.3.3.6 利益相关者参与

在信息化规划过程中,应该充分考虑各利益相关者的需求和意见。通过与企业内部和外部的各利益相关者进行沟通和合作,可以促进信息化规划的顺利实施和推广,提高信息化项目的可持续性和成功率。图 5-15 所示是项目组织的利益关系图,以及项目组织与各成员(机构)的关系说明。

(1)投资者:

①投资者向项目组织提供资金。投资者对项目组织投资以期待获得回报,如购买项目组织发行的股票或者债券等,为项目组织提供资金。

②项目组织向投资者提供资金。项目组织运营后为投资者提供回报,例如股票升值、盈利分红等。

③双方关系。项目组织依赖投资者的资金支持来推动项目的进行,而投

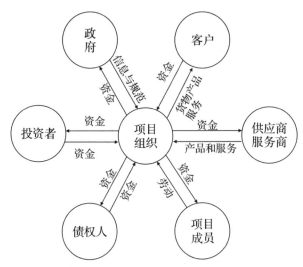

图 5-15　项目组织的利益关系

资者希望项目组织通过项目实现盈利回报。

（2）政府：

①政府向项目组织提供信息与规范。政府发布相关法律法规,提供项目进行所需的许可和规范性文件。

②项目组织向政府支付费用。项目组织缴纳应当缴纳的税款。

③双方关系。项目组织在项目实施中需要遵守政府制定的法律法规,同时向政府缴纳相应的税款。

（3）客户：

①项目组织向客户提供货物和产品。项目组织向客户提供对方需要的货物和产品。例如,一家餐厅为到店就餐客人提供餐食和用餐服务。

②客户向项目组织提供资金。客户向项目组织支付费用以获得所需产品或服务。

③双方关系。项目组织通过向客户提供产品或服务来获取收入,而客户通过向项目组织支付费用获得符合其需求的产品或服务。

（4）供应商、服务商：

①项目组织向供应商、服务商提供资金。项目组织向供应商、服务商支付费用以获取所需的原材料或专业服务。例如,餐厅向食品加工厂支付资金以获得食材。

②供应商、服务商向项目组织提供产品和服务。供应商服务商提供项目组织所需的产品或服务,例如上文提到的餐厅、食品加工厂作为供应商,向餐厅(项目组织)提供食材。

③双方关系。项目组织依赖供应商服务商提供所需的物品和服务,同时支付相应的费用。

(5)项目成员:

①项目组织向项目成员提供资金。项目组织支付项目成员的工资。

②项目成员向项目组织提供劳动。项目成员通过提供专业技能和劳动来推动项目。

③双方关系。项目组织需要项目成员的专业技能和劳动来推动项目,而项目成员通过项目组织获取报酬。

(6)债权人:

①债权人向项目组织提供资金。例如,债权人通过借款或者购买项目组织发行的债券来向项目组织提供资金。

②项目组织向债权人提供资金。项目组织按照协议偿还本金和利息。

③双方关系。债权人向项目组织提供贷款或资金支持,项目组织按照约定的条件偿还。

综合运用这些方法和策略,可以帮助集团企业更全面、深入地进行信息化规划,从而有效提升企业的管理水平、业务效率和市场竞争力。

5.4　本章小结

本章探讨了集团企业在信息化方面的规划与实践。本章首先介绍了企业信息化和集团信息化的概念,并强调了集团企业在信息化规划中所面临的挑战和机遇。接着详细讨论了集团的信息化规划及其特点。其中包括了信息化规划的目的、意义和内容,以及企业信息化规划的重要性和多行业集团信息化规划的特点。这些内容为读者提供了对信息化规划的全面理解和认识。

在 5.3 节中,介绍了集团企业信息化规划的方法。这些方法包括了战略规划、需求分析、技术选型、项目管理等方面的方法,为集团企业制定信息化规划提供了实用的指导和建议。

综合来看,本章对集团企业信息化规划的概念、特点、内容和方法进行了系统性的介绍和分析,为读者深入理解集团企业信息化规划提供了重要的参考和指导。通过本章的学习,读者可以更好地理解集团企业信息化规划的意义和重要性,以及如何有效地制定和实施信息化规划,从而提升集团企业的信息化水平和市场竞争力。

第6章

基于 RFID 和 AI 的集团企业的
信息系统架构

在当今数字化转型的浪潮中,信息系统架构的设计和优化成为企业在激烈的市场竞争中立于不败之地的重要保障。RFID 和 AI 作为前沿技术,正在深刻地改变着企业的运营方式和管理模式,为企业带来了前所未有的发展机遇和挑战。

本章将深入探讨基于 RFID 和 AI 的集团企业信息系统架构设计。通过本章的学习,读者将能够全面了解基于 RFID 和 AI 的集团企业信息系统架构设计的理论与实践,并掌握在数字化转型时代应对挑战的有效策略和方法。

6.1　信息系统架构的定义、分类与组成

信息系统架构(information system architecture,ISA)为软件系统提供了结构、行为和属性的高级抽象,由构成系统的元素描述、元素的外部可见属性、元素之间的关系、指导元素集成的模式以及这些模式的约束组成。信息系统架构不仅指定了软件系统的组织结构和拓扑结构,并且显示了系统需求和构成系统的元素之间的对应关系,提供了一些设计决策和演化的基本原理,是构建于软件系统之上的系统级复用。

6.1.1　信息系统架构的定义

6.1.1.1　架构的定义

架构是体现在组件中的一个系统的基本组织,描绘了组件彼此的关系、与环境的关系及指导系统的设计和发展的原则。在计算机科学领域,架构通常指软件系统或计算机系统的组织结构和设计原则。信息系统的架构是指在设计和构建信息系统时所采用的一种组织结构和布局方式。它包括了系统的各个组成部分之间的关系、数据流动、处理逻辑,以及硬件和软件组件的分布等方面的安排。信息系统的架构通常考虑到系统的性能、可靠性、安全性以及可维护性等方面的需求,旨在实现系统的有效运行和管理。

6.1.1.2　架构、框架、模式的区别

架构(architecture)、框架(framework)、模式(pattern)是软件开发中常用的概念,它们之间有着明显的区别。

架构是指整个系统的基本结构和组织方式,涉及系统的设计原则、组件之间的关系、系统的分层、模块化以及数据流动等方面。通常,架构定义了系统的整体设计和组织结构,是系统的骨架。

框架是一种提供了基本结构、功能和设计模式的软件工具集,用于帮助开发人员快速构建应用程序。通常包括一系列的类库、API(application programming interface,应用程序编程接口)、工具和标准化的模式,开发人员可以在其基础上进行开发,而无须从头开始编写所有代码。框架可以是通用的,也可以是针对特定领域或问题的定制化工具集。

模式是针对特定问题或场景的通用解决方案,是在软件开发中用来解决重复性问题的经验总结。模式描述了一种在特定上下文中验证过的解决方法,通常包括问题、解决方案和应用条件。不同于具体的实现,模式是一种高层次的抽象,可以在不同的项目和语言中应用。

总体来说,架构关注整个系统的结构和组织方式,框架提供了开发所需的基础设施和工具,而模式则是针对特定问题的通用解决方案。在软件开发过程中,它们三者通常是相辅相成的。

6.1.1.3　信息系统架构的组成部分

(1)硬件架构:包括计算机、存储设备、网络设备等硬件组成部分,以及它

们之间的连接方式和拓扑结构。

（2）软件架构：包括系统软件、应用软件等软件组成部分，以及它们之间的交互关系和数据流动。

（3）数据架构：包括数据模型、数据库、数据仓库等数据组成部分，以及它们之间的关系和数据流动。

（4）网络架构：包括网络拓扑、协议、安全等方面，以及它们之间的互联和数据传输。

（5）应用架构：包括应用系统、模块、接口等组成部分，以及它们之间的交互和数据共享。

（6）安全架构：包括安全策略、安全机制、安全管理等方面，以及它们之间的协调和数据保护。

（7）可扩展性架构：包括系统扩展性、模块化设计、接口标准化等方面，以及它们之间的协调和系统升级。

（8）性能架构：包括系统性能、响应时间、负载均衡等方面，以及它们之间的协调和性能优化。

（9）可靠性架构：包括系统可靠性、容错机制、备份与恢复等方面，以及它们之间的协调和系统稳定性。

6.1.2　信息系统架构按物理结构分类

信息系统架构按照不同的物理结构分类可以划分为集中式架构和分布式架构。

6.1.2.1　集中式架构

集中式架构是一种信息系统架构，它将所有的处理和存储资源集中在一个中心位置或者一个主机上。在集中式架构中，所有的计算、处理和存储都由一个中心节点或者主机来管理和执行。所有的用户请求都发送到这个中心节点，该节点负责处理请求，并且管理所有的数据和应用程序。

（1）集中式架构的特点。

①集中化管理：所有的资源都集中在一个地方管理，包括硬件、软件、数据等，使得系统的管理和维护相对简单。

②单点故障：由于所有的请求都集中在一个中心节点，所以如果该节点出现故障，可能导致整个系统瘫痪，存在单点故障的风险。

③网络依赖：用户需要通过网络与中心节点进行通信，因此系统的可用性

和性能受到网络的影响。

④扩展性受限:随着系统规模的增长,集中式架构的扩展性会受到限制,因为所有的资源都集中在一个地方,可能会导致性能瓶颈和资源短缺。

(2)集中式架构的应用场景。

①小型组织:对于规模较小的组织或者项目,集中式架构可能是一种简单有效的解决方案,因为它不需要复杂的网络和管理结构。

②简单应用:一些简单的应用程序或者服务,例如个人网站、简单的数据库应用等,可以采用集中式架构来实现。

③快速部署:由于集中式架构的设计相对简单,可以快速部署和启动,适用于一些对时间要求较为紧迫的项目。

(3)集中式架构的应用举例。

①传统的大型主机系统:传统的大型计算机系统往往采用集中式架构,所有的计算和存储都由主机来管理。

②集中式数据库系统:一些传统的数据库系统,例如单机版的关系型数据库系统,也属于集中式架构的范畴。

尽管集中式架构在某些情况下具有一定的优势,但是随着信息技术的发展,分布式架构、客户端-服务器架构等更为灵活和可扩展的架构方式逐渐成为主流。

6.1.2.2　分布式架构

分布式架构是一种信息系统架构,它将系统的处理和存储资源分布在不同的物理位置上,通过网络连接进行通信和协作。在分布式架构中,系统的各个组件分布在多个节点上,这些节点可以是物理服务器、虚拟机、容器等。节点之间通过网络连接进行通信,彼此之间相互协作完成系统的功能。分布式系统通常由多个自治的组件组成,这些组件可以在不同的地理位置、不同的操作系统或者不同的编程语言中运行。

(1)分布式架构的特点。

①高可用性:由于系统资源分布在多个节点上,当某个节点发生故障时,系统仍然可以继续运行,提高了系统的可用性。

②可伸缩性:分布式架构具有良好的水平扩展性,可以根据需要动态地增加或减少节点,以应对系统负载的变化。

③容错性:由于系统的各个组件是相互独立的,分布式系统能够容忍某些组件的故障,从而提高了系统的容错性。

④数据共享:分布式系统可以通过网络共享数据和资源,实现信息的共享和协同处理。

⑤复杂性:分布式系统的设计和实现相对复杂,需要考虑到网络通信、一致性、容错等诸多因素,因此开发和维护成本较高。

(2)分布式架构的应用场景。

①大规模系统:对于需要处理大量数据或者具有高并发需求的系统,分布式架构能够提供更好的性能和可扩展性。

②全球化应用:随着互联网的发展,全球化应用越来越常见,分布式架构能够支持跨地域、跨时区的服务部署和运行。

③云计算平台:云计算平台基于分布式架构,通过虚拟化技术和自动化管理实现资源的动态分配和管理。

④大数据处理:分布式架构适用于大规模数据处理和分析场景,例如 Hadoop、Spark 等大数据处理框架就是基于分布式架构设计的。

(3)分布式架构的应用举例。

①云计算平台:亚马逊 AWS、Microsoft Azure、Google Cloud 等云服务提供商的基础架构是分布式的,通过虚拟化技术将物理资源划分为多个虚拟实例。

②分布式文件系统:例如 HDFS(Hadoop distributed file system),将大文件划分为多个块存储在不同的节点上,提高了文件的可靠性和可用性。

③分布式数据库系统:例如 Cassandra、MongoDB 等分布式数据库系统,能够存储和处理大规模的数据,并提供高可用性和可伸缩性。

尽管分布式架构具有诸多优势,但也面临着挑战,如网络通信的延迟、一致性管理、节点故障等问题需要仔细考虑和解决。

6.1.3 信息系统架构按数据流动方式分类

6.1.3.1 批处理架构

批处理架构是一种经典的信息系统架构,通常被用于处理大规模数据。其基本原理是将系统划分为输入、处理和输出三个阶段。

在输入阶段,系统接收来自不同来源的数据,这些数据可能是批量上传的文件、数据库中的记录等。

在处理阶段,系统对接收到的数据进行批量处理。这可能涉及数据清洗、转换、计算等操作,通常采用批处理作业来完成,以提高处理效率和资源利用率。

在输出阶段,处理完成的数据被输出到目标系统或存储介质中,供后续使用。这可能涉及数据报表的生成、文件的导出、数据库的更新等操作。

批处理架构的优点在于适合处理大规模数据,并且能够充分利用系统资源,提高处理效率。然而,缺点是实时性较差,无法满足一些对数据处理速度要求较高的应用场景,如金融交易、在线游戏等。

6.1.3.2　实时处理架构

实时处理架构是针对数据处理速度要求较高的应用场景而设计的一种架构。它将系统划分为数据源、数据处理和数据存储三个部分。

在数据源部分,系统实时接收产生的数据流,其可能来自传感器、日志文件、网络流量等实时数据源。

在数据处理部分,系统实时对接收到的数据进行处理和分析。这可能包括复杂的数据计算、实时推荐、异常检测等操作,通常采用流处理技术来实现。

在数据存储部分,系统将处理完成的数据存储到数据库、分布式存储系统或内存中,以便后续查询和分析。

实时处理架构的优点在于能够实现数据的实时处理和分析,满足对数据处理速度要求较高的应用场景,如在线广告投放、智能监控系统等。缺点是对系统的性能和稳定性要求较高,需要有较强的技术支持和较多的资源投入。

6.1.4　信息系统架构按数据层次分类

6.1.4.1　单层架构

单层架构是一种简单的系统架构,其中所有的功能都集中在一个层次。在单层架构中,通常没有明确的分层结构,所有的功能模块都直接嵌入同一个层次中。

单层架构的优点在于其简单性和易于实现。由于所有功能都集中在一个层次,因此开发人员可以更轻松地管理和维护系统。此外,单层架构通常具有较低的复杂度,适用于一些简单的应用场景。

然而,单层架构也存在一些缺点。其中最显著的是其扩展性和可维护性较差。由于所有功能都在同一个层次,当系统需要添加新功能或进行修改时,往往需要对整个系统进行大规模的修改,这会增加开发和维护的成本。

6.1.4.2　多层架构

多层架构是一种常见的系统架构,其中系统被划分为多个层次,每个层次负责不同的功能。常见的多层架构包括两层架构、三层架构等。

在多层架构中,通常将系统划分为表示层、业务逻辑层和数据访问层等多个层次。表示层负责用户界面的呈现和交互,业务逻辑层负责处理业务逻辑和流程,数据访问层负责与数据源进行交互和数据访问。

多层架构的优点在于其模块化、易于维护和扩展。由于系统被划分为多个层次,每个层次之间的关系明确,因此开发人员可以更容易地定位和修改特定功能。此外,多层架构也提高了系统的灵活性和可扩展性,使得系统更容易适应变化的需求和规模。

然而,多层架构也存在一些缺点。其中最主要的是增加了系统的复杂性和性能开销。由于系统被划分为多个层次,所以需要在不同层次之间进行数据传递和交互,这可能导致一定程度上的性能损失。此外,多层架构也需要更多的设计和规划工作,增加了开发的成本和周期。

6.2　基于 RFID 和 AI 的信息系统架构设计

随着物联网和人工智能技术的迅速发展,基于 RFID 和 AI 的信息系统架构设计日益成为关注焦点。RFID 技术通过无线电信号实现对物体的识别和跟踪,而 AI 技术则赋予系统智能化的能力,使其能够自动处理和分析大量数据,为决策提供支持和指导。这种结合了 RFID 和 AI 的信息系统架构不仅能够实现对物体和数据的实时监测、管理和分析,还能够为企业和组织提供更高效、智能化的运营和管理解决方案。在这样一个信息爆炸的时代,基于 RFID 和 AI 的信息系统架构设计将发挥越来越重要的作用,为各行业带来更大的价值和竞争优势。

6.2.1　常见的信息系统架构模型

6.2.1.1　客户端/服务器模式

客户端/服务器模式(client/server,C/S)是一种常见的分布式架构模式,用于构建网络应用程序。在这种模式下,系统被分为客户端和服务器两部分,

客户端负责提供用户界面和用户交互,而服务器负责处理业务逻辑和数据存储。以下是对客户端服务器模式及其几种变体的详细介绍:

(1)两层 C/S 架构(two-tier client/server architecture)。

在两层 C/S 架构中,系统被分为客户端和服务器两部分。客户端负责用户界面和用户交互,服务器负责处理业务逻辑和数据存储。客户端和服务器之间通过网络进行通信。两层 C/S 架构其实就是人们所说的"胖客户端"模式,该架构形式如图 6-1 所示。

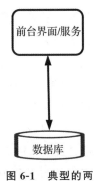

图 6-1　典型的两层 C/S 架构

两层 C/S 架构具有逻辑简单、易于实现和维护的特点。其客户端(前台)负责大部分业务逻辑,服务器(后台)主要负责数据存储和处理。主要应用场景为小型应用程序、局域网环境下的内部管理系统等。

(2)三层 C/S 架构(three-tier client/server architecture)。

在三层 C/S 架构中,系统被分为客户端、应用服务器和数据库服务器三个层次。客户端负责用户界面和用户交互,应用服务器负责处理业务逻辑,数据库服务器负责数据存储和管理。三层 C/S 其实就是人们所说的"瘦客户端"模式,该架构形式如图 6-2(a)所示。

三层 C/S 架构的特点是分层清晰,各层之间耦合度低,易于扩展和维护。应用服务器的引入使得业务逻辑可以集中管理,提高了系统的灵活性和可维护性。其主要的应用场景有企业级应用程序、在线金融系统、电子商务平台等。

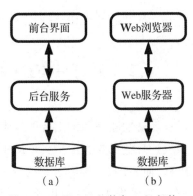

（a）　　　　（b）

图 6-2　三层 C/S 架构与 B/S 架构

(3)B/S 架构(browser/server architecture)。

B/S 架构是一种将应用程序的用户界面部分放置在 Web 浏览器中的架构模式,应用程序的业务逻辑和数据存储在服务器端。B/S 架构的特点是客户端无须安装任何应用程序,只需要一个浏览器即可访问。应用程序的部署和维护由服务器端负责,简化了客户端的管理。该架构形式如图 6-2(b)所示。

B/S 架构的应用场景有 Web 应用程序、在线服务平台、企业内部门户网站等。

(4)MVC 架构(model-view-controller architecture)模式。

MVC 是一种将应用程序分为模型(model)、视图(view)和控制器(controller)三个部分的架构模式。模型负责数据的存储和业务逻辑,视图负责用户界面的显示,控制器负责处理用户输入和调度应用程序的流程。MVC 架构的特点是分离了数据、界面和逻辑,使得系统更易于维护和扩展,支持多种用户界面和交互方式,提高了系统的灵活性。

MVC 架构主要有以下的三个核心部分,各部分关系如图 6-3 所示:

①模型(model):模型代表应用程序中的数据和业务逻辑。它负责管理应用程序的状态和行为,以及处理与数据相关的操作。模型通常包括数据存取、数据验证、业务规则等功能。

②视图(view):视图是用户界面的呈现方式,负责将模型中的数据以合适的方式呈现给用户。视图通常是用户可以看到和与之交互的部分,如网页、窗体、页面等。

③控制器(controller):控制器充当模型和视图之间的中介,负责处理用户的输入和相应的操作。它接收用户的请求,调用相应的模型处理业务逻辑,然后更新视图以反映模型的状态变化。控制器将用户的输入转化为对模型或视图的操作,从而实现用户界面和业务逻辑之间的解耦。

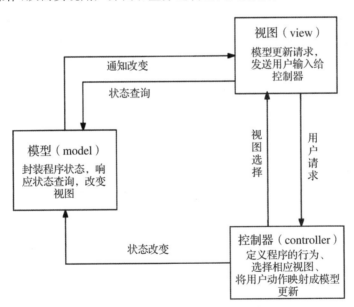

图 6-3　MVC 架构模式各部分的关系

MVC 架构模式的优势包括:

①分离关注点(separation of concerns):将应用程序分解为三个独立的组件,每个组件负责特定的功能,使得代码更易于管理、维护和扩展。

②可重用性(reusability)：模型和视图可以被多个控制器共享和重用，从而提高了代码的可重用性。

③灵活性(flexibility)：MVC 架构模式可以独立地修改和扩展应用程序的不同部分，而不会影响到其他部分，从而提高了系统的灵活性和可扩展性。

总的来说，MVC 架构模式通过将应用程序分解为模型、视图和控制器三个独立的部分，实现了用户界面和业务逻辑之间的解耦，使得应用程序更易于开发、测试和维护。

其主要应用场景有 Web 应用程序、桌面应用程序、移动应用程序等。

客户端/服务器模式及其变体是构建现代分布式系统的常见架构模式。根据系统的规模、复杂性和性能需求选择合适的架构模式对系统的设计和实现具有重要意义。

6.2.1.2　面向服务架构(SOA)模式

面向服务架构(service-oriented architecture, SOA)是一种软件设计和开发范式，旨在通过将软件系统划分为相互独立且可重用的服务来构建应用程序。SOA 模型示例如图 6-4 所示。SOA 通过服务的松耦合性、标准化接口和服务的重用性来实现业务功能的模块化和灵活性。

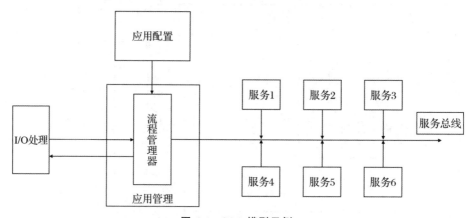

图 6-4　SOA 模型示例

面向服务架构模式将应用程序划分为相互独立、自包含的服务单元，每个服务都提供特定的业务功能。服务之间通过标准化的接口进行通信，彼此之间解耦合，使得系统更加灵活和可维护。SOA 强调使用标准化的接口协议进行服务之间的通信，如 SOAP(simple object access protocol)和 REST(representational state transfer)。通过将功能封装为可重用的服务单元，系统的灵活性和开发效率提高了。SOA 将服务设计和开发的重点放在满足业务需求上,强调服务的可重用性和业务流程的灵活性。

SOA 主要包括以下几个方面:

(1)服务导向:SOA 将软件系统划分为可重用的服务单元。这些服务单元通过标准化的接口进行通信,实现松耦合和独立性,可以被其他应用程序或服务所重用。

(2)松耦合:SOA 倡导服务之间的松耦合,即服务之间的依赖性应尽可能降低。这意味着一个服务的更改不应该影响到其他服务的功能,从而提高了系统的灵活性和可维护性。

(3)服务抽象:SOA 鼓励将服务抽象出来,使其提供的功能和实现细节对于服务的消费者是透明的。这样可以降低服务的复杂度,提高服务的可理解性和可重用性。

(4)服务自治:SOA 中的服务应该具有一定程度的自治性,即服务应该能够独立地管理自己的状态和行为,而不依赖于其他服务的控制。

(5)标准化:SOA 倡导采用标准化的技术和协议来实现服务之间的通信和集成,如 SOAP、REST、WSDL(web services description language)等。

(6)重用和组合:SOA 鼓励将现有的服务进行重用,并通过组合不同的服务来构建更复杂的应用系统,从而提高开发效率和系统的灵活性。

其主要的应用场景如下:

①业务流程自动化:通过将业务流程拆分为多个可重用的服务单元,实现业务流程的自动化和优化。

②系统集成:通过将现有系统功能封装为服务,实现不同系统之间的集成和通信。

③敏捷开发:利用服务的可重用性和松耦合性,实现系统快速开发和迭代更新。

④跨平台应用:通过使用标准化的服务接口协议,实现不同平台和技术栈之间的互操作性。

总的来说,SOA 是一种面向服务的软件架构模式,强调服务的独立性、重用性和松耦合性,能够帮助企业构建灵活、可扩展和易于维护的信息系统。

在集团企业信息系统架构中,将 SOA 理念与 MVC 架构相结合,不仅是一种普遍采用的实践,更为系统的灵活性、可扩展性和易维护性提供了极为有效的解决方案。

首先,将系统划分为多个自治的服务单元是 SOA 理念的核心。这种做法使得系统功能得以解耦合,降低了系统的整体复杂度。每个服务单元都专注于提供特定的功能,具有清晰的边界和职责,能够独立开发、部署和维护。这种设计极大地提高了系统的灵活性和可扩展性,使得企业能够更加灵活地应对业务变化和扩展需求,快速构建适应市场需求的新功能和服务。

其次,采用 MVC 架构进一步强化了系统的可维护性和可扩展性。MVC 模式的引入使得系统得以分为模型层、视图层和控制器层,实现了数据操作、展示和业务逻辑的清晰分离。模型层负责处理业务逻辑和数据操作,视图层负责展示数据和用户界面,控制器层则负责协调用户请求并调用相应的模型层和视图层。这种架构使得系统各个部分之间的耦合度降低,更容易进行修改、扩展和维护。开发人员可以更加专注于各自的领域,不必担心对其他部分造成意外影响,提高了开发效率和代码质量。

综上,将 SOA 理念与 MVC 架构相结合,对于集团企业信息系统的发展和应用具有重要意义。这种结合不仅有助于实现功能的解耦合和系统的灵活性提升,同时也显著改善了系统的易维护性,为企业提供了更加稳定、高效的信息化支持。在不断变化的商业环境下,这种架构设计能够帮助企业更好地适应市场需求,提升竞争力,实现持续创新和发展。

6.2.1.3 企业服务总线(ESB)

企业服务总线(enterprise service bus,ESB)是一种软件架构模式,旨在提供企业内部各种应用程序之间的通信和集成。ESB 通过提供标准化的消息传递机制和中介服务,实现了系统之间的解耦合和互操作性,促进了企业内部信息系统的互联互通。

ESB 采用基于消息的通信模式,通过消息传递机制实现系统之间的通信。这种模式可以提供异步通信,具有更高的松耦合性和灵活性。ESB 作为中介服务,负责消息的转换、过滤和路由,充当了系统之间的通信桥梁。同时,ESB 提供标准化的消息格式和接口协议,使得不同系统之间可以基于统一的接口进行通信和集成。ESB 还支持服务编排功能,可以将多个服务组合成复杂的业务流程,并提供业务流程管理和监控。ESB 提供安全机制,包括身份认证、授权和加密,保障企业内部信息的安全性和完整性。

其主要的应用场景如下:

(1)系统集成:ESB 可以帮助企业将现有的系统集成到统一的平台上,实现系统之间的通信和数据共享。

(2)业务流程管理:ESB 支持业务流程的定义和管理,可以帮助企业优化业务流程和提升工作效率。

（3）异构系统通信：ESB 提供了统一的消息传递机制和接口协议，使得异构系统之间可以进行无缝通信。

（4）服务化架构：ESB 可以帮助企业实现服务化架构，将业务功能封装为可重用的服务单元，提高系统的灵活性和可维护性。

ESB 是一种重要的信息系统架构模式，通过提供标准化的消息传递和中介服务，实现了企业内部各种应用程序之间的通信和集成，促进了企业内部信息系统的互联互通。

6.2.2　基于 RFID 和 AI 的物联网体系架构

基于 RFID 和 AI 的信息化规划与架构设计是当今企业信息化领域的热门话题，旨在利用先进的技术手段实现企业信息化的智能化和高效化。本节将深入探讨如何将 RFID 和 AI 技术融入企业的信息化建设中，从而实现业务流程的优化、资源的合理利用以及决策的智能化。通过对信息化规划与架构设计的详细分析和研究，将探讨如何充分发挥 RFID 技术在物联网领域的优势，实现对企业资源、物流和资产的精准识别和管理。同时，结合人工智能的强大分析和决策能力，实现对海量数据的智能分析、预测和优化，为企业提供决策支持和业务智能化的解决方案。

6.2.2.1　物联网的体系架构

物联网（internet of things，IoT）的体系架构通常包括四个主要组成部分：感知技术、传输技术、支撑技术和应用技术。下面是对这四个组成部分的详细解释：

（1）感知技术（perception technologies）。

感知技术是物联网的第一层，它负责实时采集和感知环境中的各种信息。这些技术包括传感器、RFID、二维码等，它们能够监测和测量物体的位置、状态、温度、湿度、光线等多种参数。感知技术的发展使得物体能够"看""听""闻""感知"，从而为后续的数据分析和处理提供了大量的原始数据。

（2）传输技术（transmission technologies）。

传输技术负责将从感知技术中获取的数据传输到中央服务器、云平台或其他设备。常用的传输技术包括 Wi-Fi、蜂窝网络、LoRa、NB-IoT、ZigBee 等。这些技术要求数据传输快速、稳定和安全，以确保数据的完整性和时效性。

（3）支撑技术（support technologies）。

支撑技术提供了物联网系统的基础设施和支持服务，包括云计算、大数据、边缘计算、安全与隐私保护、设备管理和身份验证等。这些技术确保了物联网系统的可靠性、安全性和可扩展性，同时也为应用技术提供了强大的后台支持。

（4）应用技术（application technologies）。

应用技术是物联网的最上层，它基于感知、传输和支撑技术，为特定的应用场景和需求提供解决方案。例如，智能交通系统、智慧医疗、智能制造、智慧农业等。应用技术利用从底层技术中获取的数据，通过数据分析、模型训练和算法优化，为用户提供智能化的服务和功能。

综上所述，物联网的体系架构是一个复杂的系统，它涵盖了从感知、传输、支撑到应用的全链条。每一层都有其特定的技术和功能，它们共同作用，构建了一个全面、智能和高效的物联网生态系统。

在集团企业信息系统架构中，物联网的三层模型包括：全面感知、可靠传输、智能处理。基于物联网的三层模型，与 RFID 和 AI 等技术紧密结合，共同构建了一个高效、智能的信息管理体系。图 6-5 所示为物联网技术体系结构。

物联网技术体系结构

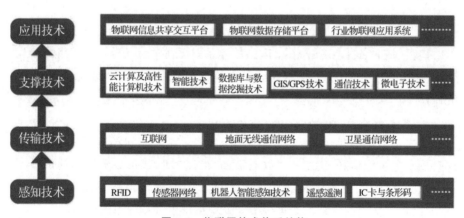

图 6-5　物联网技术体系结构

首先，在"全面感知"阶段，RFID 技术、传感器和维码等设备能够实时采集物体的动态信息。这些设备在物流、库存和生产环节中部署，能够精确、实时地捕捉到物体的位置、状态和其他关键数据。这为后续的数据处理和分析提供了坚实的基础。

其次，在"可靠传输"阶段，通过网络技术，如物联网协议（IoT protocols），感知到的各种信息能够被实时、可靠地传送到数据中心或云平台。这确保了信息的完整性和时效性，为企业决策提供了准确的数据支持。

最后，在"智能处理"阶段，利用云计算、大数据和 AI 技术，对从全面感知中获取的大量数据进行深入分析和处理。AI 算法能够对物流、库存和生产数据进行智能化的决策支持，例如优化物流路径、预测销售趋势和提高产品质量。这些智能处理能力使得企业能够迅速响应市场变化，提高运营效率和产品质量，从而提升企业的竞争力和市场份额。

综合考虑，将 RFID 和 AI 与物联网的三层模型相结合，不仅能够实现对企业信息的全面感知、可靠传输和智能处理，还能够提供更高效、更智能的物流管理、库存管理和产品质量管理解决方案，从而为企业带来显著的经济效益和市场优势。

6.2.2.2　物联网编码技术

物联网概念一经提出，立即受到各国政府、企业和学术界的重视，在需求和研发的相互推动下，迅速火遍全球。目前国际上对物联网的研究逐渐明朗起来，最典型的解决方案有欧美的 EPC（electronic product code，产品电子编码）系统和日本的 UID（universal identification，泛在识别）系统。

EPC 系统是一个先进的、综合性的复杂系统。它由 EPC 编码体系、RFID 系统及信息网络系统三个部分组成，主要包括六个方面：EPC 编码、EPC 标签、阅读器、EPC 中间件、对象名称解析服务（ONS）和 EPC 信息服务（EPCIS）。图 6-6 所示为 EPC 体系结构。

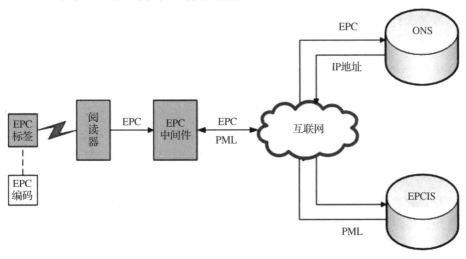

图 6-6　EPC 体系结构

UID 是一个开放性的技术体系，由泛在识别码、泛在通信器（UG）、信息系统服务器和 UCode 解析服务器等识别码（UCode）部分构成。UID 使用 UCode 作为现实世界物品和场所的标识，通信器在电子标签中读取 UCode 获取这些设施的状态，并控制它们，类似于 PDA 终端。图 6-7 所示为 UID 体系结构。

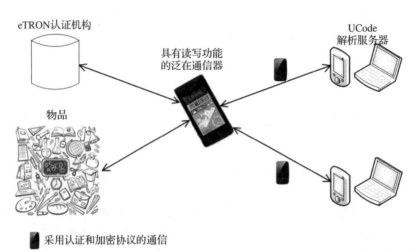

图 6-7　UID 体系结构

EPC 和 UID 均可广泛应用于多种产业或行业，它能将现实世界的物品、场所等各种实体通过编码技术与虚拟世界中存储在信息服务器中的各种相关信息联系起来，实现物物互联。

国际上目前还没有统一的 RFID 编码规则。目前，日本支持的 UID 标准和欧美支持的 EPC 标准是当今影响力最大的两大标准，但这两种标准基于安全问题互不兼容，由此带来的兼容问题和损失难以估量。目前我国的 RFID 标准还未形成，厂商大多基于以上两种标准进行研究和生产。

6.2.3　集团企业信息系统架构的应用

近年来，随着 RFID 和 AI 技术的不断发展，它们在企业信息系统架构中的应用日益成熟。RFID 技术通过无线电信号识别特定目标对象的标签，将物理世界与数字世界紧密连接起来。而 AI 则能够利用大数据和算法分析技术实现智能化的决策与预测。将 RFID 和 AI 结合在一起，可以为集团企业信息系统提供更加智能化、高效化的解决方案。RFID 技术广泛运用在物联网体系结构中，图 6-8 所示为物联网体系结构。

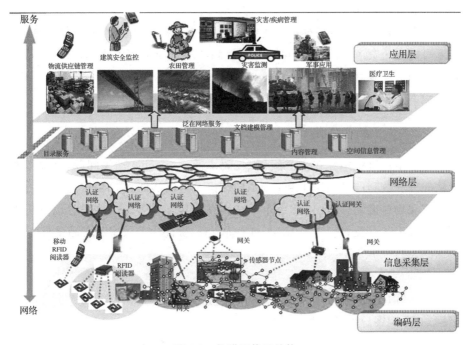

图 6-8　物联网体系结构

业务需求分析是了解企业当前面临的问题和挑战,以及对未来发展的需求的重要步骤。将 RFID 和 AI 技术应用于信息化规划和信息系统架构设计,以便企业能够更好地发展,需要熟知企业现有业务的需求与痛点,利用 RFID 和 AI 技术解决。以下是对企业业务需求和痛点的详细分析,以及 RFID 和 AI 技术在解决这些问题方面的应用和潜在影响。

6.2.3.1　物流管理

企业物流管理中存在货物丢失、配送延误、库存管理低效等问题,导致成本增加和客户满意度降低。

RFID 技术可以实现对货物的实时跟踪和定位,减少货物丢失和延误;AI 技术可以分析物流数据和客户需求,优化配送路线和库存管理策略,提高服务质量和效率。应用 RFID 和 AI 技术使企业物流管理效率提升、成本降低、客户满意度提高,能进一步增强企业竞争力和市场份额。

6.2.3.2　资产管理

企业资产管理中存在资产丢失、耗损、维护不及时等问题,导致资产利用率低下和成本增加。

RFID 技术可以实现对资产的实时定位和追踪,防止资产丢失和耗损;AI 技术可以分析资产使用情况和维护记录,预测维护需求和优化维护计划,延长资产寿命和降低维护成本。应用 RFID 和 AI 技术,使企业资产利用率提高、维护成本降低、企业运营效率提升、资产管理更加智能化和精细化。

6.2.3.3 生产优化

企业生产过程中存在生产线瓶颈、效率低下、质量波动等问题,导致产能无法充分释放和产品质量不稳定。RFID 技术可以实时监控生产过程中的关键环节和物料流动,发现并解决生产线瓶颈和异常情况;AI 技术可以分析生产数据和工艺参数,优化生产调度和工艺流程,提高生产效率和产品质量。

6.2.3.4 客户服务

企业客户服务中存在客户反馈不及时、客户需求不精准、服务质量不稳定等问题,影响客户满意度和忠诚度。

RFID 技术可以实现对客户需求和反馈的实时获取和跟踪,提高客户服务响应速度和准确度;AI 技术可以分析客户行为和偏好,个性化推荐产品和服务,提升客户体验和服务质量。应用 RFID 和 AI 技术,使得客户满意度提升、客户忠诚度增加,企业口碑和品牌价值提高、市场份额不断扩大。

综上所述,RFID 和 AI 技术在解决企业业务需求和痛点方面,具有广泛的应用前景,可以提升企业运营效率、降低成本、增强市场竞争力,促进企业持续发展和创新。同时,RFID 和 AI 技术在集团企业信息系统架构中的应用可以帮助企业实现物流管理、库存管理和产品质量管理的智能化和高效化,提升企业的竞争力和市场份额。

6.3 业务协同与信息协同

业务协同与信息协同是企业内部重要的管理概念,它们在提高工作效率、促进团队合作和实现组织目标方面起着关键作用。

6.3.1　业务协同

6.3.1.1　业务协同的定义

业务协同指的是企业内部不同部门或团队之间的合作和协调,以共同实现特定业务目标或完成一项任务。这种协同通常涉及业务流程的优化、任务的分配和协作方式的改进,旨在提高工作效率、降低成本、加速决策和提升客户服务质量。业务协同能够帮助企业更好地应对市场变化、提升竞争力,并实现组织内部各部门之间的协作和互补。

6.3.1.2　业务协同的实践作用

业务协同在企业内部具有重要的实践作用,主要体现在以下几个方面:

(1)提高工作效率:业务协同可以有效地整合各个部门或团队的资源和信息,促进信息共享和沟通协作,从而避免了信息孤岛和重复劳动,提高了工作效率。通过统一的协作平台和工作流程,员工可以更快地获取所需信息,快速响应客户需求,提高工作效率。

(2)优化资源配置:通过业务协同,企业可以更加灵活地调配人力、物力和财力资源,实现资源的最优配置。不同部门或团队之间的合作协同可以实现资源的共享和共用,避免了资源的浪费和闲置,提高了资源利用效率。

(3)加强团队合作:业务协同促进了不同部门或团队之间的沟通和协作,增强了团队之间的凝聚力和协同性。通过共同解决问题、共享经验和知识,员工之间建立了更加紧密的合作关系,有利于团队的协同创新和持续发展。

(4)提升客户满意度:业务协同有助于提升客户服务水平和客户满意度。不同部门之间的信息共享和协作协同可以更及时地响应客户需求,提供更高质量的服务和解决方案,增强客户的满意度和忠诚度。

(5)加强决策支持:业务协同为企业的决策提供了更丰富的数据和信息支持。各个部门之间的信息共享和数据流通,使得决策者能够更全面地了解企业内部和外部环境的情况,从而做出更准确、更及时的决策。

综上所述,业务协同通过提高工作效率、优化资源配置、加强团队合作、提升客户满意度和加强决策支持等方面的实践作用,为企业的持续发展提供了重要支撑。

6.3.2 信息协同

6.3.2.1 信息协同的定义

信息协同是指企业内部不同部门或团队之间的信息共享和交流,以实现更好的沟通和协作。信息协同包括了信息的收集、存储、处理和传递等过程,旨在确保组织内部各个部门之间的信息流畅和一致性,以支持业务决策、协调工作和提高工作效率。信息协同的关键是建立有效的信息共享机制和信息传递渠道,确保信息能够及时准确地传达到需要的人员和部门,为业务活动的顺利开展提供支持和保障。

6.3.2.2 信息协同的实现方式

(1)内部协同平台:建立企业内部协同平台,提供统一的信息交流和协作环境,包括企业内部社交平台、项目管理工具、在线文档分享平台等。

(2)团队协作工具:利用团队协作工具,如 Slack、Microsoft Teams、企业微信等,为团队提供实时沟通、文件共享、任务分配等功能,促进团队成员之间的协作。

(3)数据共享系统:建立数据共享系统,实现数据的集中存储和共享,确保各部门或团队之间的数据一致性和及时性,如企业内部的知识管理系统、数据仓库等。

(4)工作流程优化:优化业务流程和工作流程,确保信息在流程中的传递和共享畅通无阻,提高工作效率和业务质量。

6.3.2.3 信息协同的关键要素

(1)信息共享机制:建立明确的信息共享机制,包括信息流通渠道、共享对象、权限设置等,确保信息能够在组织内部自由流通和共享。

(2)数据标准化:制定统一的数据标准和格式,确保各部门或团队之间的数据可以互相理解和共享,避免信息冗余和不一致性。

(3)权限管理:建立严格的权限管理机制,确保信息只能被授权人员访问和修改,防止信息泄露和滥用。

(4)沟通和协作机制:建立有效的沟通和协作机制,包括定期会议、在线讨论、协作文档等,促进团队成员之间的交流和合作。

(5)技术支持和培训:提供必要的技术支持和培训,确保员工能够熟练使用信息协同工具和系统,充分发挥信息协同的作用。

6.3.3　业务协同与信息协同的关系

业务协同与信息协同是企业内部实现协作和协调的重要手段,它们通过促进部门之间的合作和信息共享,提高了工作效率、加速了决策过程,并为组织的发展和竞争力的提高提供了有力支持。

业务协同与信息协同密切相关,二者相辅相成,共同促进企业内部高效运作和持续发展。下面详细阐述它们之间的关系:

(1)业务协同是信息协同的目的和驱动力:业务协同是不同部门或团队之间合作完成共同目标的过程。而实现这一过程的核心在于信息协同,即不同部门之间的信息共享和数据交流。信息协同为业务协同提供了必要的数据和支持,是业务协同的基础和前提。

(2)信息协同支持业务协同的实现:在企业内部,不同部门之间的业务活动通常涉及大量的数据和信息交流。信息协同通过建立统一的信息共享平台和协作机制,促进了不同部门之间的沟通和协作,从而支持了业务协同的实现。例如,在供应链管理中,信息协同可以确保供应商、生产部门和销售部门之间的信息畅通无阻,以便及时调整生产计划和库存管理。

(3)业务协同促进信息协同的完善和创新:随着业务协同的不断深化和拓展,企业对信息协同的需求也在不断增加。业务协同的实践促使企业不断改进和完善信息协同机制,开发出更加高效和智能的信息协同工具和技术。例如,销售团队与客户服务团队的合作可能会促使企业开发出更智能、更个性化的客户关系管理系统,以提升客户体验和满意度。

(4)信息协同与业务协同共同推动企业的发展和创新:信息协同和业务协同之间相互促进、相互支持,共同推动企业的发展和创新。通过更加紧密的业务协同和信息协同,企业可以更快速地响应市场变化,推出新产品或服务,并不断优化业务流程和管理模式,从而保持竞争优势。

综上所述,业务协同与信息协同之间是一种相辅相成、相互促进的关系,它们共同为企业内部的协同合作和业务发展提供了重要支撑,推动了企业的持续创新,激发了企业的竞争优势。

6.4 某矿业集团信息系统架构的案例分析

在实际应用中,许多集团性企业已经成功地应用了 RFID、AI、SOA 和 MVC 等技术,提升了企业的信息化水平和竞争力。以某矿业集团为例,作为一个典型的集团性企业,它面临着复杂的业务流程和管理需求。基于 RFID 和 AI 技术,本小节对该矿业集团的信息系统进行了架构设计和项目实施模型研究。

6.4.1 某矿业集团的信息系统架构设计

6.4.1.1 总体业务架构设计

在该矿业集团,业务架构可视为一种综合性框架,它展现了集团的核心业务板块和组织结构,相当于业务运营的"蓝图"。数字化项目是基于这一全面的业务框架构建的,旨在为集团和各业务部门提供数字化转型的支持。该项目致力于提升整个信息价值链的效率,确保从数据源到最终应用的信息流畅和价值最大化,为实现集团和各职能部门的经营目标和战略提供强有力的支撑。图 6-9 所示是某矿业集团业务架构。

图 6-9 某矿业集团业务架构

基于集团的业务整体框架,该集团相关负责人员构建了数字化项目的全面架构。这一数字化转型的目标是在构建一个统一的数字化基础设施、开发平台、数据标准和治理体系的基础上,为各业务领域提供数字化的增值和支持。这不仅涉及智能化的生产过程、在线业务交互,还包括高效的运营管理,进而构建出一个完整的集团级管理和决策框架。详细的数字化架构形象地展示在图 6-10 中。数字化项目旨在为集团提供一个全面、一体化的数字化解决方案,推动业务的创新和发展。

图 6-10　某矿业集团总体架构

6.4.1.2　总体体系结构设计

业务层:包括矿产开采、加工、销售等核心业务系统。

数据层:负责矿产数据、设备数据、人员数据等的存储、管理和分发。

应用层:负责业务逻辑的处理,包括智能矿产管理、设备维护优化、人员调度等。

接口层:提供与外部供应商、客户和第三方服务的接口。

安全与运维层:负责系统的安全性、稳定性和可用性。

6.4.1.3　总体技术架构设计

在数字化转型的初步规划阶段,主要确立了一个集团级的统一技术建设标准,旨在构建"统一基础设施"、"统一数据中心"和"统一开发平台"。这些统一的技术基础设施将有力地支撑集团内部各个业务单元的互联互通和协同发展,进一步推动该矿业集团的数字化转型。开发人员采用了包括云计算、大数据、边缘计算、全域物联网、人工智能、5G、虚拟仿真等多种先进技术,旨在构建一个功能全面、灵活高效的数字化平台,覆盖大数据管理、全球化运营和生产管控等关键领域。这样的平台不仅具有流程可配置、功能可组合、快速迭代的特点,还能够与实时数据和线下决策紧密结合,实现有效的过程管控。

与此同时,该集团的技术发展方向逐渐转向工业互联网平台,规划的后期将重点构建一个基于微服务架构的智慧矿业大脑。在这个过程中,集团将致力于打造行业领先的统一基础设施，这包括建立一个全球性、多业务并行的网络传输平台。这个平台将提供一个高速、安全的网络环境，支持最新的 IPv6 和 5G/Wi-Fi6 等技术标准。"云边端管控"的技术策略支持集团各业务板块的互联互通和协同发展，从而推动集团的数字化转型。具体的技术架构和整体信息化基础设施规划详细展示在图 6-11 中。

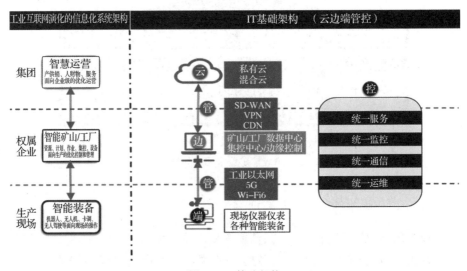

图 6-11　基础架构

为了确保生产的安全可靠性并实现各业务系统间的高效互联互通，该矿业集团已启动两级数据中心的建设。在权属企业层面，采用实时数据库、关系数据库和文件存储等技术，构建了一个统一的数据中心。这一中心不仅能够集中汇聚各权属企业的实时生产数据、业务数据和文档资料，还为企业的一体化管理和决策提供了强有力的支撑。

在集团层面，以云计算和大数据技术为基础，建立了集团的大数据平台。该平台为各业务系统提供后台数据库服务，实现了异构数据的统一存储和融合计算。同时，结合大数据、人工智能和虚拟仿真等前沿技术，构建了一个国际化的数字运营平台。该平台不仅提供了安全、高效、统一的管理支持服务，还能对数据分析和智能决策提供建议。

在该矿业集团的全面技术架构中，前端开发主要依赖于现代框架，如 React 和 Vue，这些技术确保了用户界面的流畅性和响应性。对于后端处理，集团选择了 Spring Boot 和 Node.js，这两者共同构建了一个稳定、高效的后端环境，支持各种业务逻辑的处理和数据交互。在数据存储方面，集团采用了多种数据库解决方案，包括 MySQL 和 Oracle，以满足不同业务需求和数据管理要求。

在数据分析和 AI 技术方面,该矿业集团使用了 Spark、Hadoop 和 TensorFlow 这些先进的大数据处理和机器学习框架。为了进一步加强 AI 的能力,集团还引入了深度学习框架,如 PyTorch 和 Keras,以及先进的自然语言处理工具,如 BERT 和 GPT-3,这些技术集合使得系统数据分析更为精准、决策支持更为智能。

此外,该矿业集团在智能化管理方面采用了 RFID 技术,其不仅应用于矿产、设备和人员的实时追踪,还推动了生产流程的自动化和优化。通过这些先进技术的综合应用,该矿业集团构建了一个全面、高效、智能的技术体系,为业务提供了强大的支撑和驱动力。

集团总部、各职能部门以及权属公司的数据中心整体结构已经详细呈现在图 6-12 中,展示了这一数据管理架构如何有机地与 RFID 和 AI 技术相结合,共同支撑集团的数字化转型和智能化管理。

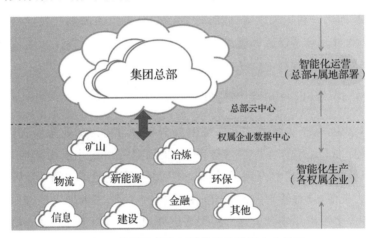

图 6-12   集团总部和权属公司的数据中心结构

该矿业集团在推进数字化转型的过程中,已经构建了一个统一的开发平台,使得技术团队能够具备统一的开发能力。这一平台能够在开发不同的应用系统时实现技术能力的复用,只需提升开发人员对业务的理解,便能快速地开发出新的软件系统。这对于集团的信息化建设,包括标准化、平台化和数据化,起到了至关重要的作用。

这一开发平台经历了两个阶段的发展:

首先是"矿业宝舟"开发平台。这个平台从 2020 年开始研发,已经使得数据在各系统间的交互更为便捷,并且支持微服务架构,能够支持大型 IT 系统的开发。这个平台已经在权属企业的矿山和冶炼工厂中得到了应用,它收集的过程数据存储在各权属企业的数据中心,而核心的指标数据则同步到集团总部的数据中心。集团运营相关的信息系统和国际化数字运营平台都部署在总部的私有云平台上,这些应用都是基于"矿业宝舟"开发平台构建的,支持多语言和移动应用,实现了业务流程和数据流的全程连接,确保全球业务的一体化,避免了重复建设和信息孤岛的问题。

接下来是"矿业宝舟工业互联网平台"。目前,"矿业宝舟"主要是一个开发平台,未来计划将其扩展为工业互联网平台。这个平台能够有效地解决集团内部面临的信息孤岛、异构数据管理和知识沉淀等挑战。具备统一数据管理和敏捷低代码开发能力的工业互联网平台是该集团数字化转型的理想选择。利用微服务架构,为重构边缘控制系统、管控平台和业务运营软件提供全新的工业软件、应用程序。这个平台具有统一数据管理、易于扩展和快速部署等特点,使得集团能够通过云化解耦提供轻量级微服务应用和工业软件,从而降低 IT 基础建设和运维成本,同时也能够根据集团的需求开发定制 SaaS 服务。未来的目标是不仅能够支撑该矿业集团自身的生产管控和运营决策,还具备输出服务以支持整个行业的能力。

6.4.1.4 总体应用架构设计

总体来说,基于大数据技术的统一数据平台将为该矿业集团提供一套统一的开发标准和运营体系。这些体系在"集团总部信息化应用架构"和"权属企业信息化应用架构"中得到了体现。集团总部信息化应用架构涵盖了资金管理、人力资源、项目管理、合同管理、税务风险、OA、主数据管理、财务共享和电子商务等多个应用领域。这些应用通过调用集团的云平台上的各种服务组件来实现功能。平台为全集团提供了安全、高效、统一的专业管理支持服务,旨在实现业务的高效运作和数据的无缝流通。

6.4.2 某矿业集团数据化转型与信息系统架构

下面以某矿业集团数字化转型发展规划为例,说明 RFID 技术和 AI 技术是如何在企业的信息化规划和信息系统架构中运用的。

6.4.2.1 数字化转型现状分析

数字化转型是指利用新一代 IT 技术实现生产、运营、管理、营销和服务的全面数字化,借此推动业务模式重构、管理模式变革、商业模式创新与核心能力提升,对内打通全流程、各环节数据采集、传输和共享,支撑敏捷生产、动态维护、精益管理、实时监控、高效决策;对外改善用户体验、支撑远程维护、构建产业生态等。数字化转型的目标有:

(1)生产模式转型:由传统生产模式向基于工业仿真驱动工程设计、依据工程设计制订生产计划、生产计划指导生产过程、实际结果反馈仿真优化的闭环模式转变。

(2)管理模式转型:由传统的线下管理方式向数字化管理、扁平化管理、移动式管理、赋能式管理等方式转变。

(3)服务模式转型:由出现情况后的被动式现场服务,向基于物联网的智能监测服务、设备远程运维和预测性运维等主动服务模式转变。

(4)决策模式转型:由经验决策为主向数据驱动决策、人工智能决策等决策方式转变。

当前,新一轮科技革命和产业变革与我国加快转变经济发展方式形成历史性交汇,以新一代人工智能、大数据、物联网等技术为代表的第四次工业革命给矿业带来了新的挑战与机遇。矿业作为关系我国经济命脉和能源安全的重要基础产业,数字化是其发展的必由之路,采用数字化技术带动传统矿业的转型升级和高质量发展,可从本质上提升企业的核心竞争力,从而推动我国矿业向安全、绿色、集约、高效的目标发展。

6.4.2.2　数字化转型架构设计

不同于垂直、封闭式的 IT 架构,集团规划重点实现技术、数据和应用的平台化,统一系统入口和门户,建设的系统均采用云化、微服务化、互联网化的开放架构,能够实现海量数据的实时应用和业务过程的智能化处理,实现业务的敏捷响应、快速迭代和灵活试错,满足业务负载的高并发需求,具有广泛的业务应用和良好的用户体验。

公司数字化转型采用当前先进成熟的云计算、大数据、边缘计算、全域物联网、人工智能、5G、虚拟仿真等技术,全面覆盖大数据平台、全球化数字运营平台、数字化生产管控平台等关键技术平台,将形成流程可配置、功能可组合、快速迭代、随需应变、过程管控、实时与线下决策结合的管控模式。同时整体技术方向逐渐向工业互联网平台演进,规划后期,计划形成基于工业互联网平台的微服务架构的体系,构建智慧矿业大脑。

为了实现可靠的安全生产,同时又能够实现系统互联互通的统一数据服务能力,集团范围内建设两级数据中心。权属企业层面,通过实时数据库+关系数据库＋文件存储等技术建设自身的统一数据中心,全面汇聚权属企业自身的现场实际生产数据、业务数据以及各种文本文件,从而为实现企业一体化管控提供支撑。

集团层面,基于云计算、大数据等技术建设大数据平台,为业务系统提供后台数据库托管服务,实现异构数据的统一存储、融合计算;基于大数据、人工智能、虚拟仿真等技术建设国际化数字运营平台,提供安全、高效、统一的专业管理支持服务,提供数据分析和智能决策建议。

集团总部信息化应用架构包括资金管理系统、人力资源系统、项目管理系统、合同管理系统、税务风险系统、OA 系统、主数据管理系统、财务共享系统、电子商务平台等应用,通过调用紫金云平台上的各类服务组件实现各应用功能。同时平台上的各类应用面向全集团,提供安全、高效、统一的专业管理支持服务。图 6-13 所示为权属企业信息化应用架构图。

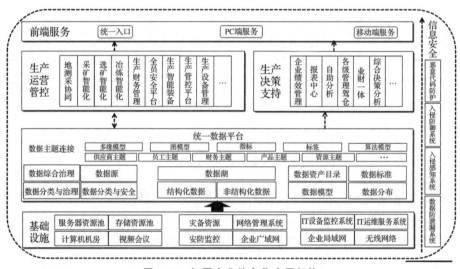

图 6-13　权属企业信息化应用架构

集团层面,建设了全球有色金属资源投资与运营管理的数字化平台。其通过智能模型分析底层大数据平台汇集的各类生产经营数据,再运用人工智能算法,为集团提供数据分析报表和智能决策建议。

在生产领域,以"矿石流五环归一"为指导思想,在矿山和冶炼单元已自动化和信息化的基础上,推进智能装备、物联网及 RFID 技术、人工智能、5G、边缘计算、虚拟现实等技术,实现生产、设备、能源、物流等资源要素的数字化汇聚、网络化共享和平台化协同,打造具有自感知、自学习、自决策、自执行、自适应的智能矿山和冶炼(加工)工厂。

在集团业务运营领域,继续优化完善各业务板块专业业务系统,并实现国际化覆盖支持。通过建设覆盖人力、财务、供应链等核心业务,以及 OA、合同、建设、地质信息系统等各专业业务信息系统,实现集团业务运营系统"业务高效运作、横向有效协同、全球实时在线"的智慧运营。

在决策治理领域,依托国际化数字运营管理平台,通过统一数据平台逐步汇聚打通集团各业务系统数据以及与权属企业的运营管理数据链条;通过数据治理和数据标准融合内部业务;通过供应链系统整合供应链资源,实现扁平化管理;通过大数据基础平台,汇总生产经营管理中各环节数据,测算相关模型以掌握生产经营实际情况,助力实现精益生产,建设生产财务统一的综合数据分析监控平台。开展覆盖集团财务、物流、生产、人力、建设等核心业务的数据治理工作,建立提供数据获取、数据加工、数据标签化、数据服务的大数据平台,持续提升主数据的数据质量,物料、客户、供应商主数据质量。有效支撑全面预算管控、供应链的全过程管控、全集团生产管控和其他数据应用建设。助力集团实现"数据融会贯通、纵向智能管控、决策全局高效"的目标,引领管理变革。

6.4.3　RFID 和 AI 技术的应用举例

6.4.3.1　建设支撑物联网、移动互联技术的工业数据平台

研究物联网及 RFID 技术在制造、物流、安防、环境监测等过程中的使用,重点聚焦多协议适配、异构数据采集、无线接入等技术研究,配合物联网应用,为设备联网创造条件;研究物联网的标准体系,形成某集团企业物联网的建设技术规范。具备大规模终端统一标准化接入和管理能力,支撑终端数据向数据中心的快速汇聚;基于数字化生产管控数据模型,实现终端设备数字化及数据融合共享;建立终端安全可信接入体系,满足全域终端数据安全接入需求;基于已有开发工业数据平台组件,提升工业互联网平台的物联接入能力;实现海量设备接入、数据采集、存储、集群分发、实时读取等功能一体化的平台。

6.4.3.2　基于数字孪生矿山(工厂)的建模、仿真、优化技术

以工业互联网技术的数据感知为基础,充分利用 5G、Wi-Fi6、物联网及 RFID 等技术,通过现场数据的采集和感知,将矿山行业工艺技术和生产管理知识充分融合,建立大数据和人工智能计算与服务中心,结合边云协同计算与控制,建立矿山可视化物理模型、可验证的仿真模型、可表示的逻辑模型、可计

算的数据模型,实现物理矿山实体与数字矿山孪生体之间的虚实映射、实时交互,最终达到矿山生产管控的智能化和无人化,为建设智能矿山提供新思路和新途径。

6.4.3.3　新一代人工智能应用技术

(1)智能驾驶技术(装备智能化技术):针对井下作业环境,开展新能源铲运机、卡车等智能驾驶技术研究,主要研究内容包括车载通信系统、车载计算平台、车载传感器、多传感器融合技术、车路协同系统、井下高精度定位系统、5G 通信系统、高精度地图、自主避障与停车系统、简单场景下自主导航系统、远程遥控平台、远程接管系统等。

(2)设备健康管理技术:针对矿冶生产过程主体设备和典型故障,建立设备的数字孪生模型,突破时间、空间和环境约束对于实体设备监测过程的限制,实现以虚映实、虚实实时双向闭环交互,赋予实体设备远程可视化操控的能力,大幅提高实体设备的管控效率。在此基础上,通过深度学习新一代人工智能技术和设备预测性维护模型,利用数字孪生模型所描述的显性机理和数字孪生数据所蕴含的隐性规律,实现对实体设备未来运行过程的在线预演和对运行结果的推测,进而预测未来设备状态发展趋势、故障模式、生命周期等,提前处理设备隐患及优化调整维修计划。在解决设备状态现在如何、将要如何的问题前提下,结合设备管理知识库体系以及设备与生产、采购等多环节业务相关性研究,形成提供设备维护最优解决方案的能力,从而实现符合矿山和冶炼行业稳定生产和合理库存要求的智能设备管理。

(3)专用机器人:针对矿冶生产存在危险、环境恶劣、劳动强度大的工况问题,研究空间感知、力觉传感、触觉传感、声纹传感、视觉传感、机器人高速高精度成像/热成像/多光谱成像等面向矿冶装备/工业机器人的感知技术;研究基于柔顺控制、鲁棒视觉伺服控制、多机协同控制等技术的机器人智能控制理论与方法;研究矿冶装备/工业机器人的操作机构、移动机构、人机协作机构的关键技术、灵巧机构的仿人灵巧功能机理、驱动-传动-感知集成优化等技术。针对矿冶生产车间设备/长皮带/长管道/尾矿库等点巡检、冶炼炉风眼维护、熔铸、电解过程电位智能检测、电流智能平衡、极板故障处理、化验室制样化验等环节,研制一批矿井安全作业智能机器人,为矿冶智能优化制造提供基础。

6.5　信息化规划与信息系统架构的关系

盖房子需要有房子的架构，造汽车需要有汽车的架构，开发信息系统需要有信息系统的架构，打造一个信息化的企业，也必须要有信息化的总体架构。越复杂的系统越需要有架构的支持。对于任何事物来说，对架构的认识程度决定了能够利用它的水平和程度。信息化规划为认识集团企业的信息架构提供了基础。信息技术研究和咨询公司 Gartner 表示，信息化架构（或 IT 架构）的优化可以为企业带来 2％的业务增长；业务架构的优化可以带来 8％的业务增长；如果 IT 和业务能够相互支持，企业架构得到总体优化，则可以获得 20％的业务增长，达到 1＋1＞2 的效果。信息化规划、企业架构和信息化架构间的关系包括以下几点：

（1）信息化规划要与企业架构紧密结合，进而形成信息化总体架构：企业架构（enterprise architecture，EA）是一种从多个角度对企业进行的综合描述，它反映了企业的人、流程、技术的组织和安排。信息化规划和信息系统总体架构服务于企业架构，企业架构是根据企业运营模式的需求而建立的系统化、标准化的业务流程和 IT 平台设计的方法。

同时，企业架构是一个把战略、业务与 IT 进行有效匹配的方法论，从而使 IT 真正为业务和战略服务。对企业架构进行信息化规划，再形成信息系统架构。

（2）信息化规划、企业架构和信息化架构是相辅相成的关系：从企业架构的发展趋势来看，现在的企业架构概念已经涵盖了业务、组织、技术等多个层面，并且使这些层面协调统一、相互贯通。企业架构是一个涵盖业务和 IT 的全面的企业蓝图设计工具，可以帮助企业的管理者了解企业的构成，发现问题并即时解决。而从 IT 角度看，企业架构就是信息化架构（IT 架构）。通过信息化的规划，理解和熟悉企业架构，进而为设计信息化的总体架构和详细结构提供了基础依据。

当今的企业都在快速发展，建立了很多分割的部门、流程和系统，它们之间无法协调地合作，因此经常出现问题。比如，部门之间的职责界定不清晰、配合不顺畅；运营效率较低，很难贯彻企业的战略意图；业务和 IT 部门的沟通不畅，系统功能滞后等。更为严重的是，企业没有方法和工具解决这些问题。根据国内外的经验，建立企业架构可以有效地解决这些问题。

企业架构是承接企业业务战略规划与信息化建设之间的桥梁，是企业信息化的核心。企业信息化是一个系统工程,与建筑或制造工程不同的是,企业信息化的对象是"企业",而不是一个建筑物或是一个产品。在建筑工程或是制造工程中,都会有一张建筑物或产品的设计图纸,它是搭起高楼大厦或是生产出形形色色的产品的基础。同样,在企业信息化这样的大工程中,也需要一张描绘企业在"信息化时代"运行的设计图纸,这就是企业架构。企业架构能为企业各级领导和员工描绘出一个未来企业信息化中业务、信息、应用和技术互动的蓝图,而且其对应着动态建立、维护企业蓝图并不断实现的过程。

(3)信息化规划指导企业建立全面和灵活的 IT 架构。"项目导向"的信息化建设方法,将在日趋复杂的技术变化和业务需求面前,落入尴尬的境地。一旦需要整合新的业务种类、扩展系统功能的时候,就会力不从心,不能实现企业的协同管理、业务优化、一体化运作。

因此,信息化规划从整体和宏观的角度反映了企业 IT 技术架构和应用架构,形成了一个循序渐进的方法路径,在很大程度上可以避免上述现象,而且能够有效提升企业快速适应能力、全面服务能力。

(4)科学信息系统架构减少信息化规划的风险:信息化规划通过信息系统的架构,提高了 IT 价值投资回报,规避、减少或消除了 IT 系统的风险。

6.6　本章小结

本章主要围绕基于 RFID 和 AI 的集团企业信息系统架构展开了讨论。

首先,介绍了信息系统架构的概念、分类和组成,以及其在物理结构、数据流动方式和数据层次上的不同维度分类。

其次,探讨了常见的信息系统架构模型,并重点关注基于 RFID 和 AI 的物联网体系架构设计,为读者提供了丰富的理论框架和实践经验。

在业务协同与信息协同方面,阐述了业务协同和信息协同的概念,探讨了它们之间的关系,并探索了如何通过信息系统架构设计实现业务流程的高效整合和信息资源的共享与利用。

通过某矿业集团信息系统架构的案例分析,具体展示信息系统架构设计在实际场景中的应用和效果,并深入探讨数据化转型与信息系统架构之间的关系。此外,还重点展示 RFID 和 AI 技术在矿业集团中的应用案例,为读者呈现技术创新与业务实践的有机结合。

最后,探讨了信息化规划与信息系统架构的关系,并对本章内容进行总结,为读者提供清晰的思路和实践指南。

第**7**章

基于 RFID 和 AI 的集团企业信息系统的项目实施模型与方法

　　在基于 RFID 和 AI 的集团企业信息系统的项目实施模型研究中,本章主要涉及项目管理知识体系(project management body of knowledge,PMBOK)与项目实施理论的关系、实施模型建立与方法分析,以及项目管理与系统架构之间的关系。

7.1　PMBOK 与项目实施理论

　　PMBOK 是由美国项目管理协会(Project Management Institute,PMI)提出的一个术语体系,用于描述项目管理中的专业知识、技能、技术和方法。它将上述要素结合在一起,构建出一个完整的知识体系,旨在帮助项目经理和团队成员更有效地管理项目。PMBOK 既包括项目管理的理论,也包括项目管理的技术,是项目管理职业和学科的基础。

　　PMBOK 定义了项目管理的五大过程组:启动、规划、执行、监控和收尾,并包括十大知识领域,包括项目整合管理、范围管理、时间管理、成本管理等。这些过程组和知识领域共同构成了 PMBOK 的核心框架。PMBOK 适用于各类项目,特别是在需要严格控制的复杂项目中。

　　项目管理理论的选择和应用取决于项目的类型、规模和复杂程度。在项目的不同阶段,会应用不同的项目管理理论。例如,在项目启动阶段,通常会使用 PMBOK 中的启动过程组来编写项目章程和识别项目干系人。在规划阶段,关键路径法(critical path method,CPM)和赚值管理(earned value management,EVM)可用于制订详细的项目计划。在执行阶段,敏捷项目管理和六西格玛方法有助于提升项目执行效率和质量。监控阶段则可以通过赚值管理和敏捷项目管理中的 Scrum 会议来实时跟踪项目进展和绩效。在收尾阶段,PMBOK 的收尾过程组指导项目经理完成项目收尾工作,包括项目验收和文件归档。

PMBOK 的第七版对项目管理知识体系进行了全面更新,包括全新的项目管理标准和知识体系的理论框架、指导原则和管理绩效域。这一版还针对多种管理模型、方法、实践和工具应用进行了详细案例分析,以更易于理解的方式阐述了项目管理实践的落地经验和实践精髓。

7.1.1 PMBOK

项目管理通过一个临时性的专门的柔性组织,对项目进行高效率的计划、组织、指导和控制,平衡任务、进度、成本与质量之间的关系。PMBOK 对项目实施理论的影响和指导作用是显著的。作为项目管理的权威标准,PMBOK 提供了全面的项目管理知识体系,包括五大过程组和十个知识领域。在基于 RFID 和 AI 的集团企业信息系统项目实施中,PMBOK 中的项目管理流程与实践密切相关。项目管理的本质是以项目为对象的系统管理方法。

首先,项目启动过程组在项目实施的早期阶段扮演关键角色。在这一阶段,项目经理利用 PMBOK 中的工具和技术来确定项目的可行性、目标和范围。对于基于 RFID 和 AI 的集团企业信息系统项目,项目启动阶段可能包括确定技术需求、系统功能以及与业务目标的对齐。

其次,项目规划过程组为项目实施提供了蓝图。在这一阶段,项目团队利用 PMBOK 中的规划工具来定义项目范围、制订进度计划、进行成本估算和制订质量管理计划。对于基于 RFID 和 AI 的集团企业信息系统项目,规划阶段可能包括确定 RFID 标签部署策略、AI 算法开发计划以及系统测试和验证计划。

再次,在项目执行过程组中,项目团队根据 PMBOK 提供的指导执行项目计划。这包括资源分配、团队管理、执行质量管理和采购管理。在基于 RFID 和 AI 的集团企业信息系统项目中,执行阶段可能涉及 RFID 标签部署、AI 模型训练和集成以及系统功能测试。

项目监控与控制过程组则确保项目在实施过程中沿着预定轨迹推进。通过监控项目进展、识别问题并采取纠正措施,项目团队可以最大限度地确保项目交付按时、按预算和按质量完成。在基于 RFID 和 AI 的集团企业信息系统项目中,监控与控制阶段可能涉及监测 RFID 系统性能、AI 模型准确性以及整体项目进度。

最后,项目收尾过程组确保项目顺利结束并得到验收成果。在基于 RFID 和 AI 的集团企业信息系统项目中,这可能包括部署 RFID 系统、完成 AI 模型的集成以及培训最终用户。通过遵循 PMBOK 提供的指导和方法,项目团队可以确保项目实施过程高效、有序地进行,最大限度地实现项目目标并满足利益相关者的期望。图 7-1 所示为 PMBOK 结构。

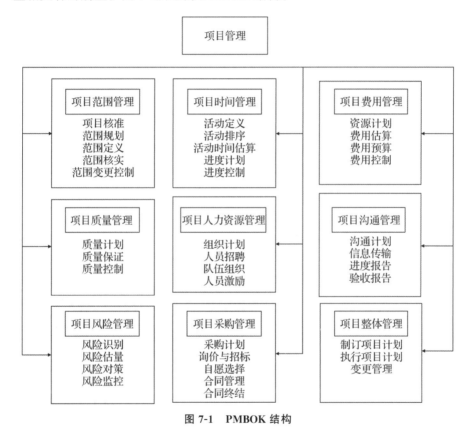

图 7-1　PMBOK 结构

7.1.2　企业应用软件项目实施三维理论模型

企业应用软件项目实施方法论可以理解为一套系统化的规范和方法,用于指导企业开发和实施软件项目。它是包括逻辑步骤、管理维度和技术实现维度的综合知识体系,包含软件项目开发的一整套方法、过程、规则、实践和技术。

本小节将企业应用软件项目实施方法论作为研究对象,着重结合软件开发过程和软件项目管理,形成一套系统的实施方法体系。通过收集、阅读和分析相关理论、标准和工具,对它们进行分类,从过程、管理和技术实现三个维度形成理论或工具集。在对各维度的理论进行过滤、简化和抽象后,得出了各维度的核心要素和组成。

首先,提出了企业软件项目实施的三维理论模型,分别是过程维、管理维和技术实现维。其次,从过程维度出发,对适用于中大型企业特色的应用软件开发过程进行了分析和研究,特别是对软件生命周期理论进行了全面比较和分析。再次,从管理维度着眼,对各种项目管理理论进行了分析,特别关注了PMBOK 架构下的项目管理。最后,从技术实现维度考虑,包括了物理平台、软件技术平台和项目管理辅助工具等方面。企业应用软件项目实施的三维理论模型综合了这些方面,为企业的软件项目实施提供了指导和支持。图 7-2所示是企业应用软件项目实施三维理论模型。

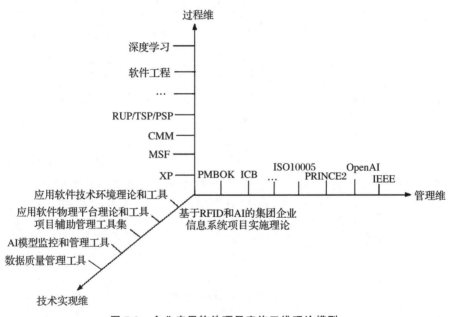

图 7-2　企业应用软件项目实施三维理论模型

7.2　实施模型建立与方法分析

在实施模型建立与方法分析中,我们进一步深入研究了各维度的内容,以便简化模型并为后续的模型建立提供重要指导。在过程维方面,我们将软件工程各个阶段作为过程的划分基础,这些阶段包括需求分析、系统设计、程序设计、程序编码、单元/集成测试、系统和验收测试、运行和维护等。这种划分方式符合软件生命周期模型,能够清晰地表达整个软件开发过程,并为后续项目实施提供了具体的操作框架。

在管理维方面,我们采用了 PMBOK 的框架,将项目管理划分为范围管理、时间管理、成本管理、人力资源管理、风险管理、质量管理、采购与合同管理、沟通管理和整体管理等不同层面的管理。这些管理领域涵盖了项目实施过程中的各个关键方面,有助于确保项目的顺利进行和高效完成。

在技术实现维方面,我们针对每个项目定制了应用软件物理平台和技术环境,形成了特定的平台和技术环境。同时,根据项目的具体情况选定了所需的管理工具集,用于项目的辅助管理。这些定制化的技术实现方案有助于项目的顺利实施和有效管理,提高了项目的成功率和效率。

通过对过程维、管理维和技术实现维的深入分析,我们建立了集团企业信息系统项目实施模型,为项目的顺利实施提供了全面而有效的指导和支持。

根据图 7-3 可知,在集团企业信息系统项目实施过程中,各维度的工作是相互交织、协同进行的。每个维度中的元素可以形成两两结合点(二维结合

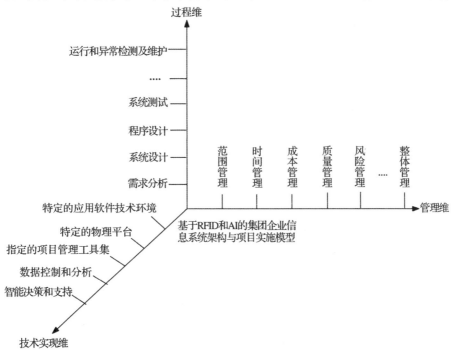

图 7-3　集团企业信息系统项目实施模型

点)和三元素的结合点(三维结合点)。按照排列组合理论,假设过程维、管理维和技术实现维三个维度的元素分别为 p 个、m 个和 n 个,那么二维结合点和三维结合点的个数 S_1 和 S_2 分别可以用以下公式表示:

$$S_1 = c_n^1 \times c_m^1 + c_p^1 \times c_n^1 + c_m^1 \times c_p^1$$

$$S_2 = c_n^1 \times c_m^1 \times c_p^1$$

在图 7-4 中,二维结合点 1 代表着在程序设计阶段,使用特定的软件技术环境,即在确定的操作系统(如 Windows Server)、数据库(如 SQL Server)和工具(如 Delphi)下进行程序设计。而二维结合点 2 则表示在程序设计阶段的成本管理,即在这个阶段如何进行费用预算,采取何种成本控制措施等。至于三维结合点,则是指在系统测试阶段,使用某一辅助工具(如 Project)进行时间管理等。这些结合点的存在意味着不同维度之间的交互和整合,为项目实施提供了更加全面和有效的支持和指导。

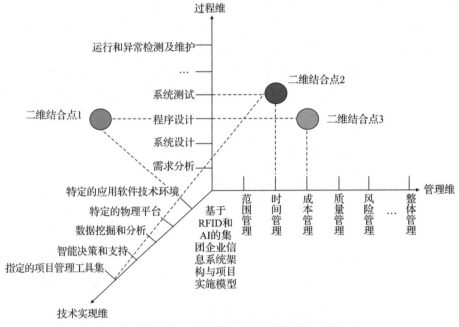

图 7-4 集团企业信息系统项目实施模型图的结合点

7.2.1 三维理论模型的过程维分析

软件开发过程是为了满足项目组织预期的质量、功能、时间和成本目标而进行的一系列有序、相互关联的活动。这些活动基于特定的计划、规范、方法、工具和设备,以将用户需求转化为最终的信息系统产品。

　　在软件开发的实践中,项目团队会进行需求分析、系统设计、编码实现、测试验证以及其他必要的准备工作。这些活动的质量和效率直接影响到最终软件产品的质量和功能,因此对软件开发过程的研究具有重要的实际意义。

　　软件开发过程涉及项目的各个阶段,包括采用的开发方法和技术选择等决策,同时还包括与软件产品相关的所有工作成果,如项目计划、文档、系统模型、代码、测试用例和用户手册等。

　　每个软件开发组织都需要一个适合自己实际需求的软件开发过程。不同的应用场景和项目类型可能需要不同的开发方法和过程模型。因此,为客户提供定制化的软件开发过程逐渐成为一项受欢迎的业务,也是一个新兴的产业。

　　软件开发过程的顺利进行关键在于识别并采纳与组织结构和项目需求最为契合的开发流程。这需要通过长期的实践和经验积累,不断地调整、优化和完善现有的过程模型。没有一种通用的、适用于所有项目的软件开发过程模型。每个组织在选择和应用过程模型时,都需要考虑其特定的企业文化、业务环境、资源能力和项目需求等因素。

　　最终,经过实践验证和不断的自我调整,每个组织都应该形成自己独特、实用的软件开发过程。简而言之,经过实践检验和自我定制的软件开发过程才是最合适、最有效的。我们对各软件开发过程进行了比较分析,如表 7-1 所示。

表 7-1　各软件开发过程的比较

项　　目	CMM/CMMI	RUP	MSF	XP
周期	螺旋模型	演进式迭代周期,过程框架	瀑布模型和螺旋模型的结合	演进式迭代周期、软件开发方法
核心	过程改进	架构、迭代	里程碑、迭代	以代码为中心
范围	需求严格而极少变化的项	适合不同类型的项目	适合不同类型的项目	进度紧、需求不稳定的小项目、小型发布和小团队
组织	个人(PSP)、团队(TSP)和组织的 3 个层次,组间协作、培训	跨团队协作	强调产品的愿景,6 种基本角色	以团队为基础,小团队且团队成员能力相当
技术	传统结构化方法	面向对象技术	综合技术	面向对象技术

续表

项　目	CMM/CMMI	RUP	MSF	XP
管理	过程的定义、度量和改进。用数字和文档说话	从组织角度出发,侧重过程建模、部署	业务建模、部署、过程管理等概念	侧重具体的过程执行和开发技术,计划设计
活动	通过过程域来定义活动	整个团队在整个过程中关注质量	项目管理、风险管理和就绪管理	以人为本,如每周40小时工作制、结对编程
实践	各种级别的关键实践。重视关键基础设施	满足了 CMM 2-3 级 KPA 的要求,而基本上没有涉及 CMM 4-5 级的 KPA	代码复审、版本管理方法、文档管理、人员招聘、重测试和重风险管理等	编码和设计活动融为一体,弱化了架构。用例、单元测试、迭代开发和分层的架构
其他	通用性强,但复杂、高成本	强调风险驱动,以保障可用产品的持续性交付为前提,尽量减少不必要的过程工件,使度量、文档最小化以获得弹性	提供了一系列指南,用于规划企业的基础技术设施,流程化商业的运作过程,并鼓励重用性	拥抱变化,强调人性化、简单、沟通。尽量减少文档。个体和交互胜过过程和工具

软件工程方法论,如 CMM(capability maturity model for software,能力成熟度模型)、CMMI(capability maturity model integration,能力成熟度模型集成)、PSP(personal software process,个人软件过程)、TSP(team software process,团队软件过程)、RUP(rational unified process,有理统一过程)、MSF(Microsoft solution framework,微软解决方案框架)、XP(extreme programming,极限编程)等,构成了三维理论模型中过程维的核心组成部分。这些方法论在集团企业信息系统项目的实施中,被用作过程维的理论基础。

在软件项目的实施方法中,过程维理论主要依赖于时间维度的组织和索引,形成了一个完整的理论体系。它从时间和过程的角度出发,提供了一种明确的项目实施方法,并划分了集团企业信息系统项目的各个关键阶段。在这个理论体系中,每个阶段都有其特定的里程碑和目标。

尽管在理论中各个阶段被清晰地划分和定义,但在实际的项目实施过程中,这些阶段往往是相互交织和相互关联的,存在一定的交叉和重叠。为了更好地进行分析和管理,我们通常会将开发过程的各个阶段视为相互独立且清晰定义的,以便于实施和评估。

综上所述,本小节探讨了如何将这些先进的技术应用于项目实施过程中,以获得更高效、更智能的信息系统解决方案。

7.2.2　三维理论模型的管理维分析

管理维涉及的是软件项目管理,它具有与其他项目管理不同的特殊性。软件作为纯粹的知识产品,其开发进度、质量和生产效率都难以准确估计和预测。软件系统的复杂性和规模,如 Windows 操作系统中的数百万行代码和上千名开发人员,增加了管理的挑战和风险。

在软件开发的初期,B.W.Boehm 提出了七大软件开发原则,这些原则同样适用于软件项目管理。这些原则包括分阶段的生命周期管理、阶段评审、产品控制、现代程序设计技术的应用、清晰的结果审查、精简的开发团队和持续改进软件工程实践。

软件项目管理的核心目标是确保项目能够按照预期的成本、进度和质量完成,涵盖了对人员、产品、过程和项目的全面管理和分析。项目管理的主要内容包括人员管理、软件度量、项目计划、风险管理、质量保证和软件过程能力评估等。

企业级应用软件具有独特性和集成性,需要与企业的管理模式、业务流程和文化相匹配,并进行跨平台和多系统的集成。对于这类项目,常见的问题包括需求不明确、跨平台集成、高风险和不确定性,以及技术人力的限制。

为了有效管理这些问题,需要采取以下策略:

(1)在项目启动阶段进行深入的需求调查和分析,确保需求清晰、明确,减少需求变更的频率。

(2)利用风险管理方法来识别、评估和控制潜在风险,以降低项目失败的风险。

(3)组织和管理项目团队,明确团队成员的职责和分工,确保关键技术人员的稳定性和备份。

(4)根据项目特点和企业文化,采用成熟的项目管理理论和标准,如 PM-BOK、ICB 和 ISO 10006 等。

综上所述,本小节探索了如何应用这些先进技术来优化和管理企业级应用软件项目。

7.2.3　三维理论模型的技术实现维分析

从技术实现的角度来看,三维理论模型涵盖了应用软件的技术基础、硬件支持以及与项目管理相关的工具。其核心目标是构建一个稳定、可靠、高效和快速响应的技术框架，为企业应用软件的成功实施和持续运行提供支持。这也是企业在制定和执行其 IT 策略，以及在 IT 部门和应用层面进行规划的关键组成部分。接下来，我们将针对企业应用软件的特性和需求，深入探讨物理硬件平台、技术基础设施以及辅助项目管理的工具。

7.2.4 实施模型图各维度的关系分析

在各维度的关系中，我们分别从过程维与管理维的关系、过程维与技术实现维的关系、管理维与技术实现维的关系及各维度的综合关系四个方面进行说明。

7.2.4.1 过程维与管理维的关系

提到过程维中基于软件生命周期的各阶段过程，自然就会涉及软件开发、项目组。把管理维（项目管理）和过程维（软件工程各阶段）联系起来，可理解成软件开发中的项目管理，下面分析项目管理和软件开发过程之间的关系。

首先以软件工程为指导思想的软件开发过程，是针对软件这一具有其特殊性质的产品的工程化方法。它关注的是软件产品的生命周期，包括从计划、设计、编程、测试到运行和升级维护共六个主要阶段，而且随着软件产品的不断升级维护，还会使同一软件产品经历多次这样的生命周期，软件开发过程在产品的一次生命周期中的各个阶段中，提供了一整套的工程化的方法来指导项目组的工作。因此，软件工程是围绕产品生命周期的工程化方法。

管理维的软件项目管理，是针对项目的管理方法，它关注的是项目的生命周期，包括项目的启动、计划、执行、控制和收尾五个主要的项目过程。在不同的过程中都涉及对时间、人员、成本、质量、风险等内容的管理，强调的是项目的绩效，通过有效的项目管理来完成对项目提出的需求，这当中也包括提交软件产品。因此，项目管理是关注项目生命周期的管理方法。

既然软件工程是围绕软件产品管理的，项目管理是围绕项目过程的，那么自然也就容易明确它们之间的关系。

在软件产品的生命周期中，由于软件产品的性质、用途、规模等方面的差异，软件生命周期和项目生命周期可能会重合，软件的生命周期在项目周期结束时也随之结束。

软件项目管理的最终目的是要提交符合要求的软件产品。因此，在软件项目管理中，强调项目管理者在应用软件领域中的专业知识；在项目的不同阶段，强调结合软件产品的要求而制定不同的工作内容，获得相应的资源，采用适当的管理方法。软件产品自身的规律对项目管理的具体实践有着极其重要的影响,产品是目标,实现过程是手段。要做好软件项目的管理,就必须首先对软件工程各阶段具有深刻的理解。

项目管理知识体系是一个通用的知识框架,在内容上与软件开发过程中的管理内容是不重复的,而是互相补充的。例如在项目管理知识体系中强调人力资源管理,而在软件工程中则强调系统分析人员、编程人员、测试人员等不同角色在不同阶段的责任。在软件项目管理中,应充分注意这两者的有机结合。

综上所述,以管理维的项目管理知识体系为管理基础和指导,结合到过程维定义的各阶段中,两个维度的工作是同时进行和同时结束的,要按软件开发过程各阶段,做好项目管理工作,以满足和达成集团企业信息系统项目的目标。

过程维全阶段及各阶段的起始和结束时间,对管理维的各管理内容明确了起始时间和结束时间,主要包括:确定项目计划表的起始时间、项目成本管理的发生起点和结束点、项目组织成立与解散时间、采购和合同管理的周期等。

管理维为过程维的各阶段提供管理内容,在不同阶段管理的侧重点不一样,如需求分析阶段的管理内容主要是范围管理、风险管理(特别是目标与需求风险)、沟通管理和整体管理等,而在测试阶段,更凸显组织管理、质量管理、计划管理等,但软件项目各要素的管理,始终贯穿整个过程维。

过程维与管理维的总体关系如图 7-5 所示。

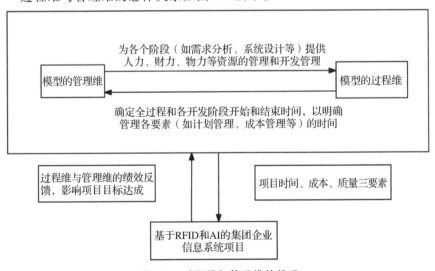

图 7-5　过程维与管理维的关系

7.2.4.2 过程维与技术实现维的关系

对于企业软件项目,重要的是方法,方法确定了过程维的内容。在以软件生命周期为代表的过程维的各阶段,始终需要相应的技术环境、物理平台和辅助工具作为支撑,如在程序设计阶段,需要在特定的物理平台和开发环境下进行,测试阶段需仿真实际运行的环境,也需在技术实现维提供的平台和环境下进行等。反过来,在过程维的工作中,也会对技术实现维的内容产生影响,如在系统设计阶段,定义了硬件的选型、安全的设计方法,从而决定了物理平台的实现方式,即技术实现维的要求部分的内容。

因此,过程维和技术实现维是相辅相成的,它们相互制约、相互影响、相互支撑和匹配。

过程维与技术实现维的相互关系,如图 7-6 所示。

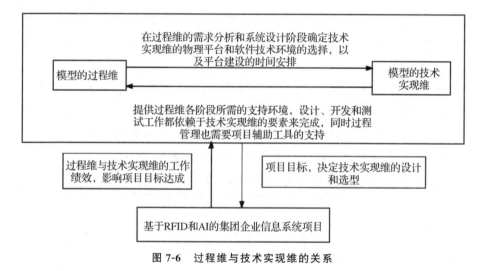

图 7-6 过程维与技术实现维的关系

7.2.4.3 管理维与技术实现维的关系

在技术实现维各要素中,与管理维最为密切的是项目辅助工具。在集团企业信息系统的具体项目实施中,要有明确的项目管理方法,才可能用好工具。同时也必须注意到所选择的工具和采用的项目管理方法是相匹配的,因为并不是所有的项目管理辅助工具都会适用于所有的集团企业信息系统项目,应该基于项目管理的特定需要选择某个项目管理工具。

技术实现维的技术环境和物理平台,也会影响到项目管理的效率,比如,正确的技术选型可以提高项目开发效率,影响项目管理中的质量管理、成本管理和时间管理等,是软件项目管理的支撑和实现的环境。管理维与技术实现维的关系见图 7-7。

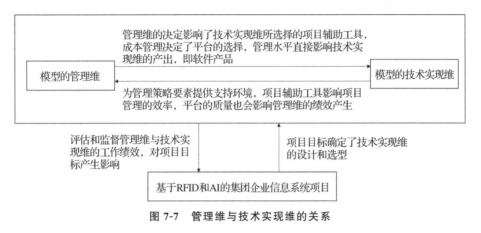

图 7-7　管理维与技术实现维的关系

7.2.4.4　模型的各维度间的综合关系

根据上述分析,模型各维度间的总体关系可总结如下:

(1)维度的各要素是每个维度不可分割的组成部分,而模型中三个维度也是项目及项目方法不可分割的部分。

(2)三个维度之间和维度各要素之间,相互制约和相互影响,其影响度因两两要素的不同而异。

(3)管理维和过程维的起始时间和结束时间是一致的,即同时开始和同时结束。

(4)每个维度的各要素,受集团企业信息系统项目本身目标的限制和影响,它们的执行绩效反过来又影响项目目标的达成。

7.3　项目管理与系统架构关系

7.3.1　信息系统架构与项目管理的关系

随着基于 RFID 和 AI 的集团企业信息系统设计技术的发展,新的平台将会取代旧的平台或将新技术融合呈现崭新形态。这对软件开发提出更高要求：快速开发、快速部署、快速适应变化、以业务为主导。在基于 RFID 和 AI 的集团企业信息系统架构与项目实施模型研究中，软件发展趋势包括：

（1）基于 SOA 的软件架构，功能由松耦合、统一接口的组件组合构建。

（2）面向对象、组件式开发，中间件广泛应用，构件化是实现软件可复用性的基础。

（3）基于企业级 Web Services 的分布式架构。

（4）平台无关性、异构环境集成、移植性强。

（5）分布式计算均衡与协调系统。

（6）信息格式多样化（多媒体技术），增强亲和力。

（7）知识库应用和系统智能化。

（8）数据仓库技术和数据挖掘技术成为数据库技术特点。

这些趋势将推动基于 RFID 和 AI 的集团企业信息系统架构与项目实施模型的进步与发展。

7.3.2　系统软件架构和项目管理的关系

项目管理是一种目前国内外流行的任务管理方法，其指通过合理计划和严密控制项目的范围、质量、成本和进度等，以确保项目达到执行目标和组织战略目的。

信息系统利用计算机技术、网络通信技术和管理科学等，对企业内外部信息进行收集、加工、存储、传递和利用，辅助管理人员有效履行企业生产经营管理功能，实现企业经营总体目标的人机系统。

信息系统软件架构是近年来的研究热点，代表了面向系统的高层结构指导思想，对设计大型复杂应用系统至关重要。

在设计单个信息平台或信息系统时，采用软件体系结构思想设计架构面临一些问题，主要包括按照何种原则设计模型、如何设计模型以及如何利用模型来表示软件体系结构。设计模型的主要原则包括：

（1）充分反映出软件各个模块之间的相互关系；

（2）形成一个总体框架，易于控制与扩展；

（3）反映出软件运行时的动态关联；

（4）反映出基于软件生命周期的软件功能演化过程；

（5）支撑软件功能的发展变化，保持健壮性与稳定性。

信息系统的架构通常可以分为两种主要类型：客户端/服务器（C/S）架构和浏览器/服务器（B/S）架构。这两种架构在设计和实现上有着不同的特点和优势。

C/S 架构是一种传统的架构模式,其中客户端负责处理用户界面和用户输入,而服务器端负责数据存储和处理。C/S 架构示意图如图 7-8 所示。这种架构通常需要在客户端安装专门的应用程序,这些应用程序负责与服务器进行通信,并处理用户的请求。C/S 架构的优点是可以提供高性能和灵活性,因为客户端可以处理一些复杂的业务逻辑,而不必每次都与服务器进行通信。然而,C/S 架构也有一些缺点,包括客户端程序的维护和升级成本较高,而且对网络的依赖性较强。

相比之下,B/S 架构将用户界面和应用程序逻辑都放在服务器端,用户通过浏览器访问应用程序,无须安装任何客户端软件。这种架构可以减少客户端的维护成本,并且可以实现跨平台和跨设备的访问。但是,B/S 架构的性能可能受到服务器端的限制,因为所有的计算都是在服务器端进行的。

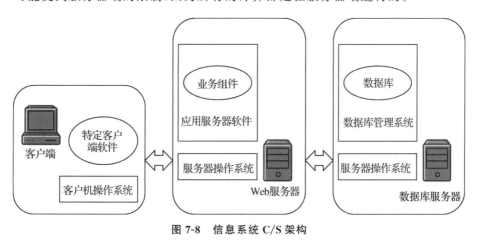

图 7-8　信息系统 C/S 架构

随着互联网的飞速发展,移动办公和分布式办公方式成为趋势,这要求我们的系统必须具备良好的扩展性。为了实现远程访问,需要运用专门的技术,并对系统进行专门的设计来处理分布式的数据。因此,为了增强系统的扩展性并降低客户端更新和维护等成本,管理信息系统逐渐采用了"瘦客户端"的 B/S 架构。这种架构是对传统 C/S 结构的一种改进,随着互联网技术的发展应运而生。

在 B/S 架构下,信息管理系统的客户端基本上无须安装专门的应用程序,大部分应用程序运行在服务器端。由于客户端无须应用程序,应用程序的更新和维护可以在服务器端完成,提高了升级和维护的效率。虽然客户端使用浏览器,使得用户界面更加直观和易用,但也存在一些功能上的限制,例如对于数据的打印输出等。为了解决这些限制,通常会将功能复杂的部分开发为可发布的控件,在客户端通过程序调用来实现。B/S 架构的信息系统开发示意如图 7-9 所示。

这种架构的优势在于降低了客户端的复杂性和维护成本,同时提高了系统的安全性和稳定性。它适用于需要远程访问和分布式办公的环境,能够更好地适应互联网时代的发展趋势。

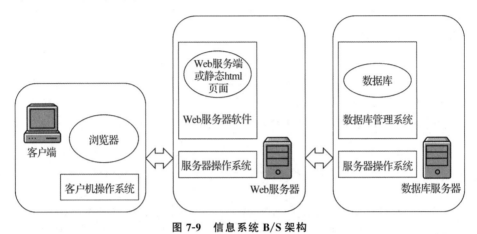

图 7-9　信息系统 B/S 架构

在当今 ICT、互联网、物联网和 3G(4G)等先进通信技术的支持下,我们利用云计算、大数据、人工智能和数据挖掘等技术手段来感知、传输、分析和整合系统的关键信息。例如,通过 IP 摄像机、RFID 和传感器网络等技术,实现信息感知,通过电信网、广播电视网和互联网等实现信息的传输和承载。

在信息系统的项目管理与软件架构之间的关系方面,可以从以下几个方面描述:

(1)信息系统项目成功依赖于 IT 技术和成功的项目管理。信息系统架构是 IT 技术的一部分,因此,项目管理和软件架构都是项目成功的关键要素。

(2)从信息系统项目实施模型的角度看,信息系统架构是技术实现维度的一部分,是系统设计阶段的成果。因此,项目管理与软件架构之间存在着结合点和交互面。

(3)项目管理的质量管理包括设计高效、灵活的信息系统架构。软件架构是质量保证的一部分内容,可通过质量控制和运行来验证架构的合理性。与之相反,成本管理与架构之间存在着互斥关系,即更好更灵活的架构意味着更高的成本。

(4)在 IT 应用架构的实施顺序方面,通常集团企业会先建设基础物理架构和核心信息系统(如 ERP、BPM 等),然后再进行其他外围信息系统的实施,包括 BI 和数据仓库。

（5）从过程维度和 IT 项目管理体系的角度看，其内涵包括软件工程的文档。在概要设计和详细设计文档中，包含了架构设计的工作和内容。IT 项目管理体系示意如图 7-10 所示。

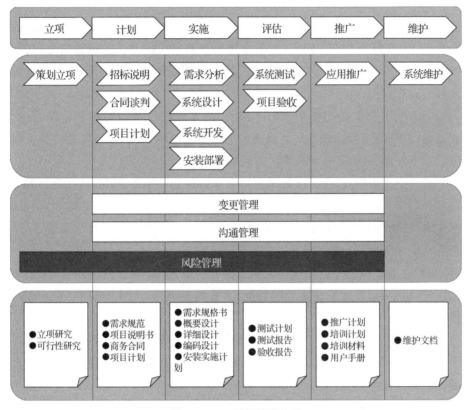

图 7-10　IT 项目管理体系

信息系统采用多级分布式体系架构思想，以基于 Web 的应用为主，项目管理贯穿整个项目生命周期，集成企业业务流程，实现各部门协同工作。系统集成和部署采用实时监控、智能分析和信息柔性化管理模式。用户通过 Web 浏览器访问应用，实现底层数据与前台应用的分离。应用层、服务层和数据层各自相对独立，确保系统各层次的逻辑独立性和可扩展性。

信息系统具有全面性和系统性的特点，能够全面管理项目，涵盖项目管理的所有领域和要素。系统内外部都形成一定的结构和秩序，使系统能够发挥出各组成部分所没有的新功能。

7.4　基于 RFID 和 AI 的实施案例分析

在本节中,我们将介绍一些基于 RFID 和 AI 的集团企业信息系统的实施案例,并对这些案例进行分析和总结。这些案例包括了不同行业、不同规模的企业,涉及不同的 RFID 和 AI 技术应用场景和解决方案。通过案例分析,可以深入了解实际项目中所面临的挑战、解决方案以及取得的成果,为读者提供实践经验和启示。

一家大型物流公司使用 RFID 和 AI 技术改进了货物跟踪和管理系统。在过去,该公司货物跟踪系统主要依赖于人工记录和扫描条形码,这导致了信息记录不准确、效率低下的问题。

通过引入 RFID 技术,该公司为每个货物贴上了带有 RFID 的标签。每个标签都包含了唯一的识别信息,可以在不需要人工干预的情况下被读取。这样一来,货物的跟踪变得更加精确和高效。当货物通过 RFID 读取器时,系统会自动记录货物的位置和状态,无须人工干预。

而 AI 技术则用于处理这些大量的数据,通过 AI 算法的应用,物流公司可以实现货物跟踪和管理系统的智能化,提高运营效率,降低成本,提升客户满意度。

物流公司使用了以下几种 AI 算法来优化货物跟踪和管理系统:

(1)机器学习算法:物流公司可以利用机器学习算法,如决策树、随机森林或梯度提升树等,对货物的运输数据进行分析和预测。这些算法可以根据历史数据和实时数据,预测货物到达时间、最佳路线等信息。

(2)神经网络算法:神经网络可以用于识别异常情况,如货物丢失或损坏。通过训练神经网络模型,系统可以自动检测并处理这些异常情况,提高货物跟踪系统的准确性和效率。

(3)深度学习算法:深度学习算法在图像识别方面表现优异,可以用于识别货物标签上的 RFID 信息或监控摄像头拍摄到的货物位置,这有助于实现对货物的实时监控和跟踪。

(4)优化算法:针对货物的路线和运输方案,物流公司可以使用优化算法,如遗传算法或模拟退火算法,以找到最佳的运输方案,降低运输成本和时间。

通过 AI 算法,该公司能够实时监控货物的运输情况,预测可能出现的问题,并提供优化的路线和方案。例如,当系统发现某一批货物可能会延迟交付时,它会自动调整路线或提醒相关人员进行处理,以避免不必要的损失。

这项改进使得物流公司的货物管理更加智能化和高效化。货物跟踪的准确性和实时性大大提高,减少了出错的可能性,节省了人力和时间成本。同时,通过 AI 技术的应用,他们还能够不断优化运输方案,提高运输效率,进一步降低运营成本。

这个案例展示了如何利用 RFID 和 AI 技术来改进企业的信息系统,提升运营效率和服务质量,为企业创造更大的价值。

7.5　本章小结

本章旨在建立集团企业信息系统项目实施模型。通过综合 PMBOK 和集团信息系统项目实施方法论的理论内容,分析了管理维、过程维和技术实现维三个维度。其中,管理维包括资源管理、成本管理、风险管理等,过程维包括需求分析、系统设计、测试等,技术实现维包括技术环境、软件平台和辅助工具。基于这些理论内容,构建了综合性的项目实施三维理论模型,以指导集团企业信息系统项目的实施过程。

在项目实施模型的构建中,我们从简化模型和选择重点的原则出发,对各维的理论和内容进行了科学分类、对比和分析。最终提出了集团企业信息系统项目实施模型框架,描述了各维度中各元素的关系以及二维和三维结合点的含义。这一模型框架为集团企业信息系统项目的实施提供了系统性和指导性的建设方案。

另外,在基于 RFID 和 AI 的集团企业信息系统的项目实施模型与方法方面,本章进行了全面的介绍和分析。通过对 PMBOK 和项目实施理论的深入理解,我们建立了适用于该类项目的实施模型,并探讨了项目管理与系统架构之间的关系。通过实施案例分析,总结了项目实施过程中的经验和教训,为读者在实际项目中的实施工作提供参考和帮助。

综上所述,本章通过理论分析和案例实证,为集团企业信息系统项目的实施提供了科学、系统的方法和模型。这些方法和模型不仅有助于项目管理者更好地把控项目进度和质量,还能够提高项目的成功率和效率,促进集团企业信息系统的发展和应用。

第8章

基于 RFID 和 AI 的集团企业信息系统的维护与管理

在基于 RFID 和人工智能的集团企业信息系统中,维护与管理是确保系统持续稳定运行和发挥最大价值的关键环节。本章将深入探讨信息系统的管理体系,包括组织架构、流程规范等。信息系统的 IT 治理,涉及决策与监督机制;集团企业信息系统的项目维护,强调项目生命周期中各阶段的关键任务与挑战。通过系统的管理体系和科学的维护手段,能确保信息系统高效稳定地服务于企业的日常运营和战略发展。

8.1 信息系统的管理体系

根据基于 RFID 和 AI 的集团企业信息系统的建设情况,在项目开发完成且信息系统形成一定规模后,必须完善地定义和建立信息的管控体系,以确保系统的正常维护与运行。

8.1.1 集团企业 IT 管理体系建设目标

为进一步提升集团企业 IT 组织的领导力和执行力,保障 IT 项目的成功实施和应用,企业要规划建设 IT 管控体系,规划建立信息化管理规范,包括项目管理、质量管理等,如图 8-1 所示。企业 IT 管理体系建设目标主要包括:

(1)管理思想从"管理 IT 基础设施"向"管理 IT 服务流程"转变。

(2)管理模式从"面向职能管理"向"面向流程管理"转变。

（3）运作模式从"被动式服务"向"主动式服务"转变。

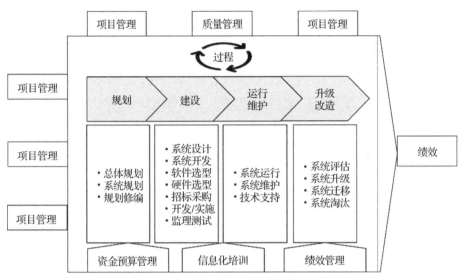

图 8-1　集团企业 IT 管理体系建设目标架构

8.1.2　管控体系配套要求

信息化是管理提升的重要手段,管理体系优化是基于 RFID 和 AI 的集团企业信息系统成功上线和顺利运行的物质基础,两者是相辅相成、互相促进的关系。为了确保集团信息化的稳步推进,需要在集团管理体系上进行配套变革,在管理思想、组织架构、管理模式上进行必要的调整,以适应基于 RFID 和 AI 的信息化建设的需要。

8.1.2.1　管理思想

实现从"企业信息化"向"信息化企业"的转变,各级管理者需要提高对信息化价值的认识,把信息化作为集团管控、组织变革、风险控制和商业模式创新的重要手段。依托信息化进行集团资源整合和运营协同,完善信息化基础之上的集团管控体系。实现从"定性管理"向"定量管理"的转变,集团运作和管理要建立在信息化基础之上,凭数字说话,通过信息化实现集团管理的科学化、精细化和精准化。信息化以高的数据准确率为前提,集团提倡"严格管理"和"一次把事情做对"的原则,落实岗位达标、专业达标和企业达标,不具备信息化知识、不具备系统操作能力和不符合信息化要求的人要换岗甚至下岗,从而为信息化系统运行奠定思想基础。

8.1.2.2　管理组织

理顺信息化条件下的多级管控体系,开展组织优化工作,通过组织和人员调整,实现组织架构的扁平化。提倡从"职能管理"向"流程管理"、从"分散管理"到"集中管理"、从"串行管理"到"并行管理"的转变,从"事后管理"到"事中和事前管理",从"对人负责"到"对事负责",重新梳理职务、职位、职称体系,明确流程中的岗位职责和岗位要求,建立以流程为中心的组织。

8.1.2.3　管理方法

实现从"经验管理"向"科学管理"的转变。利用战略地图、平衡记分卡等工具,开展流程优化工作,对整个经营流程进行总体建模和持续改善,固化和优化管理流程,建立面向战略执行的集团计划预算体系、统计指标体系和绩效考核体系。下大力气强化标准化(管理标准化、作业标准化、标识标准化、行为标准化、信息标准化等)、定员、定额、岗位职责制、班组建设、计量、现场管理等基础管理工作,强化岗位、专业和企业达标。设立专业部门,在集团范围内推行全面预算管理、全面风险管理、全面生产力维护(total productive mainte-nance,TPM)、全面质量管理(total quality management,TQM)、六西格玛管理等现代化管理方法,全面推进管理升级。

8.1.2.4　人才创新

完善人才引进、培养和激励机制,大力引进和培养精通业务、熟悉信息化的复合型人才,提升组织能力。技术人员和管理人员必须熟练掌握常用的信息化工具,并能充分利用信息化工具进行业务运作和管理创新。

8.1.2.5　企业文化创新

适应"国际化运作""绩效导向""面向流程""扁平化管理""动态集成"等信息化要求,培养与信息化相适应的开放、创新、激情文化。

8.1.3　信息系统管理体系的建设案例

下面以某矿业集团为例,说明信息系统管理体系的建设。

8.1.3.1　建设目标

借鉴 COBIT(control objectives for information and related technology,信

息及相关技术控制目标)、ITIL(information technology infrastructure library,信息技术基础架构库)、ISO 20000、ISO 27001、国家计算机等级保护体系等规范,建立和健全集团信息化管理制度以及相应的信息管理平台,确保信息化与集团战略的一致性,降低信息化风险,同时提升信息运维效率和满意度。

8.1.3.2　体系的组成与功能

(1)制定《集团信息化治理制度》。

(2)制定《集团信息化项目管理制度》。

(3)制定《集团流程管理制度》。

(4)制定《集团数据标准化管理制度》。

(5)制定《集团信息安全管理制度》。

(6)制定《集团信息安全规划》。

(7)制定《集团员工信息化手册》。

(8)开发《集团信息化运维平台》。

8.1.3.3　管理效果

通过信息管理体系建设,规范和优化集团信息管理流程,为信息化推进奠定制度基础。通过完善 IT 治理,完善信息化决策和执行流程,确保 IT 建设效果。通过完善 IT 服务管理,建立统一的 IT 服务平台和高效的服务流程,提升 IT 服务质量。

8.1.3.4　进度规划

(1)规划信息系统项目管理体系。

(2)制定各项管理制度。

(3)开发和实施《集团信息化运维平台》。

(4)完善、监督总部的执行情况,并在区域公司范围内推行。

8.2　集团企业的 IT 治理

IT 治理是进行信息系统维护和运行的基础,它从集团企业的层面看,是以信息系统为主的 IT 系统运营和管理模式。

8.2.1　IT 治理的定义

IT 治理是信息系统审计和控制领域中一个相当新的概念，IBM 首次将此理念引入公众视野。关于工厂治理的定义，主要有以下三种主要观点：

Roberts.Roussey(美国南加州大学教授)认为：IT 治理用于描述被委托治理实体的人员在监督、检查、控制和指导实体的过程中如何看待信息技术。IT 的应用对于组织能否达到它的远景、使命、战略目标至关重要。

德勤定义如下：IT 治理是一个含义广泛的术语，包括信息系统、技术、通信、商业、所有利益相关者、合法性和其他问题。其主要任务是：保持 IT 与业务目标一致，推动业务发展，促使收益最大化，合理利用 IT 资源，对 IT 相关风险进行适当管理。

国际信息系统审计与控制协会(Information Systems Audit and Control Association，ISACA)定义为：IT 治理是一个由关系和过程所构成的体制，用于指导和控制企业，通过平衡信息技术与过程的风险、增加价值来确保实现企业的目标。

8.2.2　IT 治理的共同点

企业的 IT 治理的共同点如下：

(1)IT 治理必须与企业战略目标一致，IT 对于企业非常关键，是战略规划的组成部分。

(2)IT 治理和其他治理主体一样，是管理执行人员和利益相关者的责任(以董事会为代表)。

(3)IT 治理保护利益相关者的权益，使风险透明化，指导和控制 IT 投资、机遇、利益、风险。

(4)信息技术治理包括管理层、组织结构、过程，以确保 IT 维持和拓展组织战略目标。

(5)应该合理利用企业的信息资源，对资源进行有效的集成与协调。

(6)确保 IT 及时按照目标交付，有合适的功能和期望的收益，是一个一致性和价值传递的基本构建模块，有明确的期望值和衡量手段。

(7)引导 IT 战略平衡系统的投资，支持企业，变革企业，或者创建一个信息基础架构，保证业务增长，并在一个新的领域竞争。

(8)对于核心 IT 资源做出合理的决策，进入新的市场，驱动竞争策略，创造总的收入增长，提高客户满意度，维护客户关系。

8.2.3　IT 治理的案例

下面介绍某矿业集团的 IT 治理案例,主要包括信息化的治理模式、组织结构与职责、集团信息化管理模式、人才培养等。

8.2.3.1　信息化治理模式

为确保信息化与企业战略的一致性,规避信息化风险,建议在董事会/总裁下设流程与标准化委员会、信息化指导委员会,分别审议和决定流程与标准化、信息化工作的目标、方针、策略、建设规划和项目计划/预算。某集团企业 IT 治理的组织架构如图 8-2 所示。

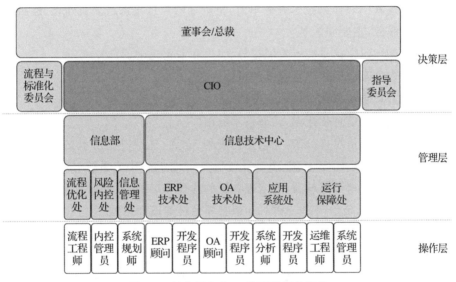

图 8-2　某集团企业 IT 治理的组织架构

8.2.3.2　组织机构

集团设立信息部和信息技术中心,分别作为集团公司职能管理部门和技术服务机构。

信息部作为职能部门,负责流程优化、风险内控和企业信息化管理工作,下设:

(1)流程及标准化管理处:负责集团流程管理体系、制度和标准化建设。

(2)规划及风险内控处:负责集团信息化建设计划的编制和实施组织,以及风险内控体系建设。

(3)信息及网络安全管理处:负责集团信息及安全管理工作。

信息部的工作还包括集团信息化总体规划、集团信息管理体系和制度建设、集团信息化投资管理、集团信息资产管理,主要职能是:

①负责集团信息化中长期发展规划和年度投资计划。

②制定和执行集团信息化管理制度和技术标准,规范信息资源管理和信息系统管理。

③负责集团信息化投资管理(立项、统计、验收)。

④负责集团信息资产管理。

⑤指导和帮助集团下属区域、分/子公司做好信息系统和管理体系的建设。

信息技术中心作为技术服务单位,负责集团信息化系统项目建设、运行维护和技术服务,主要职能是:

①跟踪和研究信息技术发展趋势,引进和消化先进信息技术。

②负责集团信息化项目建设和持续优化。

③负责集团信息化系统运行维护。

④推进行业信息化建设,发展技术输出。

⑤参与集团信息化决策,为信息化规划、立项、选型提供技术支持。下设:

ERP 技术处:负责 ERP 系统、项目管理系统、财务共享中心系统、数据仓库/BI系统、风险内控/审计系统、行业管理系统的建设和运维、数据标准化维护。

OA 技术处:负责门户、BPM、知识管理系统建设和运维。

应用开发处:负责 MES、设备管理系统、HSE、事务管理系统等应用系统的开发、实施和运维。

运行维护处:负责集团基础信息系统建设和运维,负责集团信息化系统的服务支持,负责集团安全体系的建设运行。

8.2.3.3 集团信息化管理模式

根据集团目前的实际情况,结合集团三级管控模式,采取"联邦制"的信息管理模式,其特点主要包括:

(1)集中和分散相结合,集团、区域公司、分公司/子公司分别建立信息化管理和运维队伍。

(2)组织从属/业务指导的矩阵式关系,业务部门和信息化部门协同负责流程/标准化和信息化管理。

(3)主要的信息管理职能、项目建设和核心的技术支持体系趋向于集中,行业特性的信息化管理和本地技术支持保留在分公司/子公司。

8.2.3.4　集团信息化人才的培养

信息化技术是高新技术的前沿领域,技术更新换代很快,信息化人才是集团信息化建设成败的关键,需要采取有效手段,培养一支专业、精干、充满激情的信息化团队,包括:

(1)引进技术带头人和业务骨干,作为信息化团队的中坚力量。

(2)采取外出培训、考试认证、内部交流等形式,提升团队的业务水平。

(3)与世界著名 IT 公司和咨询公司发展战略伙伴关系,作为信息化决策和技术发展的外脑。

(4)拓展行业市场,提升团队视野和经验。

(5)打造以"卓越、创新、专业、开放"为核心的团队文化,提升团队的战斗力。

8.2.4　基于 RFID 和 AI 的集团企业信息系统的 IT 治理

基于 RFID 和 AI 的集团企业信息系统的 IT 治理应该是综合性的,以业务为导向的,以风险管理为中心的,并且注重持续创新和改进。其应该注意的关键点如下:

(1)战略规划与业务对齐:将 RFID 和 AI 技术整合到集团企业的战略规划中,明确技术应用的战略目标和业务需求,确保 IT 治理与业务战略的紧密对齐,通过技术创新提升业务价值和竞争力。

(2)风险管理与合规性:确定 RFID 和 AI 技术在信息系统中的风险,制定相应的风险管理策略和控制措施,保障信息系统的安全性和稳定性。遵循相关法律法规和行业标准,保证系统的合规性,特别是涉及数据隐私和安全方面的合规性。

(3)资源管理与投资决策:确保有效的资源管理,包括人力资源、技术资源和财务资源,以支持 RFID 和 AI 技术的开发、维护和运营。在 IT 投资决策过程中,进行全面的成本效益分析,确保资金的合理分配和最大化利用。

(4)绩效评估与监控:设立指标体系,对 RFID 和 AI 技术的应用效果进行定量和定性评估,及时发现问题并进行改进。建立监控机制,对信息系统的运行情况进行实时监测和分析,确保系统的稳定性和性能。

(5)供应商管理与合作伙伴关系:管理 RFID 和 AI 技术的供应商和合作伙伴关系,确保他们提供的产品和服务符合质量和安全标准。建立长期合作关系,共同推动技术创新和业务发展。

(6)持续改进与创新:鼓励持续改进和创新,促进 RFID 和 AI 技术在信息系统中的应用不断演进和优化。建立反馈机制,积极收集用户和利益相关者的意见和建议,持续改进信息系统的功能和性能。

综上所述,基于 RFID 和 AI 的集团企业信息系统的 IT 治理应该是全面的、风险导向的,注重与业务的紧密结合和持续创新。

8.3　集团企业信息系统项目的维护

在软件运行和维护阶段对软件产品进行修改就是所谓的维护。要求进行维护的原因多种多样,归结起来有三种类型:

(1)改正在特定的使用条件下暴露出来的一些潜在程序错误或设计缺陷。

(2)因在软件使用过程中数据环境发生变化或处理环境发生变化,需要修改软件以适应这种变化。

(3)用户和数据处理人员在使用时常提出改进现有功能,增加新的功能,以及改善总体性能的要求,为满足这些要求,就需要修改软件把这些要求纳入软件之中。

由这些原因引起的维护活动可以归为以下几类:

(1)改正性维护:在软件交付使用后,必然会有一部分隐藏的错误被带到运行阶段来。这些隐藏下来的错误在某些特定的使用环境下就会暴露出来。为了识别和纠正软件错误、改正软件性能上的缺陷、排除实施中的误使用,应当进行的诊断和改正错误的过程,称作改正性维护。

(2)适应性维护:随着计算机的飞速发展,外部环境(新的硬、软件配置)或数据环境(数据库、数据格式、数据输入/输出方式、数据存储介质)可能发生变化,为了使软件适应这种变化,而去修改软件的过程称作适应性维护。

(3)完善性维护:在软件的使用过程中,用户往往会对软件提出新的功能与性能要求。为了满足这些要求,需要修改或再开发软件,以扩充软件功能、增强软件性能、改进加工效率、提高软件的可维护性。这种情况下进行的维护活动称作完善性维护。

在维护阶段的最初一两年,改正性维护的工作量较大。随着错误发现率急剧降低,并趋于稳定,就进入了正常使用期。然而,由于改造的要求,适应性维护和完善性维护的工作量逐步增加。实践表明,在几种维护活动中,完善性维护所占的比重最大,来自用户要求扩充、加强软件功能、性能的维护活动约占整个维护工作的 50%。相关维护比例如图 8-3 和图 8-4 所示。

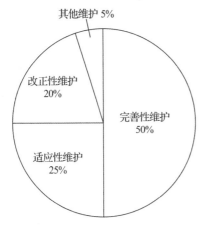 

图 8-3　三类维护占总维护比例　　　　图 8-4　维护在软件生存期所占比例

(图片来源:吕云翔.软件工程导论(双语版)[M].北京:电子工业出版社,2017:150.)　　(图片来源:吕云翔.软件工程导论(双语版)[M].北京:电子工业出版社,2017:150.)

(4)预防性维护:除了以上三类维护,还有一类维护活动,叫作预防性维护。其是为了提高软件的可维护性、可靠性等,为以后进一步改进软件打下良好基础。通常,预防性维护被定义为:"把今天的方法学用于昨天的系统以满足明天的需要。"也就是说,采用先进的软件工程方法对需要维护的软件或软件中的某一部分(重新)进行设计、编制和测试。

从图 8-3 可看出,在整个软件维护阶段所花费的全部工作量中,预防性维护只占很小的比例,而完善性维护占了几乎一半的工作量。从图 8-4 可以看出,软件维护活动所花费的工作占整个生存期工作量的 70% 以上。

以信息股份 SAP 项目为例,系统上线后,建立的运维体系分为三层,如表 8-1 所示。

表 8-1　SAP 的三层运维体系

支持层	重点执行者	工作内容
一线	种子用户 解决一线操作问题	①反馈和改进业务提高需求 ②简单的凭证和报表开发需求 ③快捷提供本部业务支持

续表

支持层	重点执行者	工作内容
二线	信息(资讯)部门 ERP 核心支持小组	①一线的坚强技术后盾 ②权限控制 ③系统配置与复杂报表开发 ④确保网络安全与稳定性 ⑤提供 24 小时服务
三线	外部顾问 较大的技术问题支持	①较大的系统技术问题 ②较大的新的业务需求

8.4 本章小结

本章旨在探讨基于 RFID 和 AI 的集团企业信息系统的维护与管理,主要涵盖了信息系统的管理体系、信息系统业的 IT 治理以及集团企业信息系统项目的维护概述三个方面。

本章首先介绍了信息系统的管理体系,包括集团企业管理体系建设目标、管控体系配套要求以及信息系统管理体系的建设案例,强调了建立完善的管理体系对系统维护与运行的重要性。其次,深入讨论了信息系统业的 IT 治理,阐述了 IT 治理的定义、共同点以及案例,特别着重探讨了基于 RFID 和 AI 的集团企业信息系统的 IT 治理,强调了风险管理和合规性的重要性。最后,简要概述了集团企业信息系统项目的维护,涵盖了项目维护的基本概念、重要性以及一些案例分析,为读者提供对项目维护的整体认识。

综合以上内容,本章为读者提供了基于 RFID 和 AI 的集团企业信息系统维护与管理方面的实用指南。通过建立有效的管理体系和 IT 治理机制,以及加强项目维护,企业能够更好地应对信息化时代的挑战,实现信息系统的持续稳定运行和最大化价值。

第9章

基于 RFID 的人体行为识别

基于 RFID 的人体行为识别旨在通过对人体行为特征的感知和分析，实现对人类活动的自动识别和理解。这种技术可以应用于室内定位、健康监测、智能安防等领域，为人们的生活和工作提供更加智能、便捷的服务。然而，与传统的 RFID 应用相比，基于 RFID 的行为识别面临着诸多挑战，包括多标签碰撞问题、多径效应、人体行为的复杂性以及跨域感知能力不足等。

本章旨在探讨基于 RFID 的行为识别技术的原理、方法和应用，深入分析其面临的挑战和解决方案，为相关领域的研究和应用提供参考和启示。通过对该领域的研究，将有助于推动基于 RFID 的行为识别技术在智能感知、智能健康、智能安防等领域的广泛应用，为智慧社会的建设做出贡献。

9.1　RFID 人体行为识别研究背景

人体行为识别(human activity recognition，HAR)是通过收集和分析人体运动、姿态、生理信号等数据，利用机器学习模型自动识别和分类个体的不同行为或动作的过程，这一技术在人机交互、智能家居、智慧医疗等领域得到广泛应用。

当前智能监护领域人体行为识别主要依赖基于视频或传感器的行为监测技术，但这些技术存在相应的缺陷，如使用摄像头则面临着依赖有光环境、隐私侵犯等问题。近年来，随着 RFID 的发展，基于 RFID 的人体行为识别技术崭露头角,并在智能监护领域展现独特的优势。

RFID 是一种非接触、无线传输的自动识别技术,通过射频信号的自动识别来判断目标对象并读写相关数据,从而获取相应信息,具有成本低、数据存储与处理能力强、识别精确高等特点。RFID 工作装置一般由一对工作在同一频率下的 RFID 阅读器、RFID 标签构成,标签中包含芯片和天线,而阅读器发送射频信号以激活标签,通过无线射频方式进行非接触数据通信并对记录媒体(电子标签或射频卡)进行读写,从而达到识别目标和数据交换的目的。按照工作频率的不同,RFID 标签可以分为低频(LF)、高频(HF)、超高频(UHF)和微波等不同种类,每一种频率都有它的特点,被用在不同的领域。

当在人类活动领域布置 RFID 标签和阅读器时,人体在运动或活动过程中会吸收、反射和散射 RFID 阅读器发出的射频信号,造成信号变化,从而使通过无线信号变化来解释并识别人体行为成为可能。

相较于传统的行为监测技术,RFID 具备其优越性。首先,RFID 标签成本低廉,且其无线传输能力和高度灵活性使其在各种环境下都能高效工作;其次,基于 RFID 的人体行为识别技术是基于对一连串射频信号的读取来进行的,不依赖光源,也不存在用户隐私泄露的风险;最后,RFID 标签中的超高频标签具有一次性读取多个标签、识别距离远、多次读写等特点,使其在监测范围内可以实现多层次、多维度的人体行为分析,为全面、个性化的智能监护服务提供强有力的支持。此外,RFID 在智能监护领域的应用不仅仅局限于基本的人体行为识别,还可以结合其他关键技术,如室内定位技术,在准确识别人体的异常行为后精确定位异常发生的位置,便于医护人员及时处理异常情况,这为提升养老和医疗机构的监测和护理水平带来了创新性的解决途径。

9.2 RFID 人体行为识别存在的问题

尽管 RFID 人体行为识别技术在智能监护领域表现出巨大潜力,但也面临一系列挑战。

9.2.1 多标签碰撞问题

RFID 标签阵列中存在多个标签同时发送信号的情况,导致信号之间发生碰撞,使得读取器难以准确识别和解码各个标签的信息。这种碰撞问题可能导致数据丢失或混淆,从而影响系统对于标签信息的准确识别和分析。

9.2.2　多径效应

多径效应指的是 RFID 信号在传播过程中经历多条路径的反射和折射,导致信号在接收端出现多个延迟和相位变化。多径效应会使得读取器难以区分有效信号和冗余信号,增加了信号解码的难度,从而影响系统对于标签信息的准确识别和提取。

9.2.3　人体行为的复杂性

人体行为通常具有多类型、多层次、多尺度的特点,如步态、手势、姿态等,这些行为在 RFID 信号中体现为复杂的模式和特征。从 RFID 信号中读取合适的特征以及构建适用于不同人体行为的分类模型是一项具有挑战性的任务。

9.2.4　跨域感知能力不足

目前基于 RFID 的人体行为识别模型在特定训练环境或人群数据中表现良好,但在应用到不同环境或人群时性能会发生下降。这可能是由于模型未能充分泛化到新的环境或数据上,导致其跨域感知能力不足,从而限制了其在实际应用中的有效性和稳定性。

因此,针对这些问题,需要综合考虑碰撞处理技术、信号处理算法、特征提取方法以及模型泛化能力等方面的改进,以提高基于 RFID 的人体行为识别系统的性能和可靠性。

9.3　UHF RFID 研究现状

UHF RFID 自 2003 年以来,在供应链管理、零售、物流等领域得到了广泛应用。最初,这项技术主要用于识别和追踪,例如通过 RFID 标签追踪商品流动。近年来,UHF RFID 的应用已从单纯的识别扩展到更复杂的感知功能,如厘米级精度的定位、追踪、动作和行为感知等。

基于 UHF RFID 的人体行为识别技术结合了激光雷达和 RFID 技术。这种识别方法不仅包括静态和动态人体行为识别,而且还强调了隐私性、安全性和鲁棒性。例如,通过 LiDAR(光检测和测距)实时获取视场内的人体行为,RFID 标签用于确定目标 ID 和辅助分类,数据处理模块则用于模型训练和预测。

UHF RFID 的最新发展趋势是从单纯的识别转向更高级的感知功能。这种技术的核心在于能够利用 RFID 标签反向散射的微弱信号,这些信号包含了环境因素的动态特征。因此,RFID 系统可以用于感知指定对象,例如肢体行为识别、呼吸及心跳监测等。

随着技术的进步,UHF RFID 的应用范围将进一步扩大,包括更广泛的环境感知和交互式应用。这种技术将支持更智能的空间和环境,使得普适计算得以真正实现。例如,RFID 可以用于创建智能环境,其中人与机器、物体的交互变得更加自然。

9.3.1 UHF RFID 人体行为识别

现有的基于 UHF RFID 的人体行为识别的研究范围包括信号收集与处理、特征提取与分类模型设计、模型性能评估等部分,在信号收集方面可以按照标签是否附着于人体分为附着式和无须附着式两大类。很多研究论文还使用了 RSSI、相位等信息对标签的位置进行综合判断。近年来这些方面有了不少的改进与优化。

Oguntala 等基于 UHF 无源 RFID 标签构成的标签阵列墙,提出了一种人类动作识别的简单而新颖的框架,该框架对顺序和并发活动进行采样,增强了无源 RFID 标签的先验信息,然后利用多元高斯最大似然估计算法挖掘人体动作模型的特征,非常适合单户和多户环境,并为老年人、残疾人和护理人员提供一般的传感环境[1]。Colella 等创造性地将 UHF RFID 标签与 IMU 传感器集成,以结合 IMU 传感器的准确性和 RFID 的超低功耗优点,该标签可用于人体运动的生物力学分析,能提高 RFID 传感器在人体动作捕捉中的适用性[2]。Yao 等基于无源 RFID 标签阵列,开发了一种基于稀疏字典的压缩感知方法进行人体识别,使用无监督学习为每种不同的人体活动创建一个字典,

---

① OGUNTALA G A, ABD-ALHAMEED R A, ALI N, et al. SmartWall: novel RFID-enabled ambient human activity recognition using machine learning for unobtrusive health monitoring[J]. IEEE access, 2019, 7: 68022-68033.

② COLELLA R, TUMOLO M R, SABINA S, et al. Design of UHF RFID sensor-tags for the biomechanical analysis of human body movements[J]. IEEE sensors journal, 2021, 21(13): 14090-14098.

以得到更紧凑和稳健的活动表示,该系统具有支持老年人独立生活应用的潜力[①]。Zhao 等搭建了 RFID 标签阵列,将相位和 RSSI 数据融合作为特征数据,提取时间、空间和全局信息构建图结构,利用时空图卷积神经网络(STGCN)构建了高效的人体动作信号分类模型[②]。还有研究提出了TAHAR,其是一种用于 RFID 活动识别的基于注意力的对抗网络,用于为提取的特征分配权重来减轻不可转移特征的影响,同时鉴别器删除特定领域的信息,TAHAR 具有很强的鲁棒性和高精度,增强了跨域迁移的有效性[③]。Hou 等提出一维卷积神经网络(1DCNN)与长短期记忆递归神经网络结合的模型并应用于金融机构犯罪分子的异常行为识别,两层 1DCNN 用于缩短RSSI 序列来提取其局部特征,LSTM 用于提取局部特征的时间序列信息,并根据特征值判断人类行为[④]。第一个为人体行为识别设计的 RFID 骨架系统,创建了一个 RFID 人体骨架活动图,该图充分体现了人体活动关键特征,其还使用了结合残差网络的图卷积网络模型 PR-FSCN,实验表明该模型相对于现有的 HAR 模型具有综合优势[⑤]。Lv 等结合无监督域自适应的思想,建立人类活动识别模型,解决了在不同室内场景下同一人的行为动作存在较大偏差

①　YAO L，SHENG Q Z，LI X，et al. Compressive representation for device-free activity recognition with passive RFID signal strength[J]. IEEE transactions on mobile computing，2018，17(2)：293-306.

②　ZHAO C，WANG L，XIONG F，et al. RFID-based human action recognition through spatiotemporal graph convolutional neural network[J]. IEEE internet of things journal，2023，10(22)：19898-19912.

③　CHEN D，YANG L，CAO H，et al. TAHAR：a transferable attention-based adversarial network for human activity recognition with RFID[C]//Advanced intelligent computing technology and applications. ICIC 2023. Lecture notes in computer science，vol 14087. Singapore：Springer，2023.

④　HOU X，YANG M，YANG L，et al. Research on deep learning recognition model of human behavior for financial institution monitoring based on RFID[C]//Proc. SPIE 12787，sixth international conference on advanced electronic materials，computers，and software engineering（AEMCSE 2023），2023：127871S.

⑤　WANG Z，CHEN Y，ZHENG H，et al. Body RFID skeleton-based human activity recognition using graph convolution neural network[J]. IEEE transactions on mobile computing，2024，23(6)：7301-7317.

而造成识别精读不高的问题①。TransRF 是一个基于少样本学习的 RFID 感知系统,利用了多头自注意力机制和多尺度混合扩张卷积,能有效解决环境变化时原有人体行为和信号之间的映射关系不再适用和行为样本有限的问题②。Zhao 等提出了一种基于无源 RFID 标签阵列的人体跌倒检测方法,其设计了一种可根据相位信号的短期方差变化快速提取人体动作信息的动作分割算法,并建立了一个深度残差网络提取关键特征,以更好地对跌倒动作和日常动作进行分类③。针对细粒度动作的识别,一个基于 RFID 设备的准确实时唇读系统 HearMe 可以很好地捕获由嘴部运动引起的微小而复杂的信号模式,并提取关键的时域统计特征和频域特征,准确识别预定义词汇中的不同单词④;ReActor 是一个实时且准确的手势识别系统,即使手势速度发生变化,它也能依靠低延迟和高精度的特性来识别用户的手势⑤。

9.3.2 UHF RFID 人体行为识别的应用场景

在当今时代背景下,随着全球人口老龄化的加剧及老年人对自身健康问题的普遍重视,越来越多老年人需要专业的医疗照料和监护,有效识别养老院或康复机构等室内环境中人体行为的需求持续增长。一方面,人体行为识别技术可以对老年人可能的异常行为与健康状况进行必要的监测,为老年人日常活动提供安全保障;另一方面,人体行为识别与物联网等先进技术的结合可以为老年人、病人等弱势群体的生活带来一定程度的便利,以利于他们的独立生活。

---

①　LV S, HONG H, YANG L, et al. Solving in-door human activity recognition via RFID based on unsupervised domain adaptation[C]//2022 IEEE 4th international conference on power, intelligent computing and systems (ICPICS), 2022: 388-392.

②　LIU Y, HUANG W, WANG S. TransRF: towards a generalized and cross-domain RFID sensing system using few-shot learning[C]//2023 26th international conference on computer supported cooperative work in design (CSCWD), 2023: 571-576.

③　ZHAO C, ZHU J, XU Z, et al. Wear-free indoor fall detection based on RFID and deep residual networks[J]. Int J commun syst, 2023, 36(10): e5499.

④　ZHANG S G, MA Z J, LU K X, et al. HearMe: accurate and real-time lip reading based on commercial RFID devices[J]. IEEE transactions on mobile computing, 2023, 22(12): 7266-7278.

⑤　ZHANG S, MA Z, YANG C, et al. Real-time and accurate gesture recognition with commercial RFID devices[J]. IEEE transactions on mobile computing, 2022,22(12): 7327-7342.

目前,主流的人体行为识别方案大多集中在计算机视觉领域和无线信号领域。在计算机视觉领域中,人体行为是通过在环境中布置摄像机并使用相关的计算机视觉领域处理技术(如 CNN)来识别的。有学者提出了老年人跌倒检测场景下采用传感器数据和视觉数据融合进行综合判断的解决方案,这类方法虽然可以实现较高的识别率,但对可见光的依赖程度高,在黑暗、非视距场景下受到不同程度的限制[①];同时,采用图片或影像的方式涉及法律层面的隐私保护问题,有隐私泄露的风险。传统人体行为识别所采用的无线信号一般为雷达、Wi-Fi 等信号,如有研究提出了一种基于时频分析和深度学习技术的基于雷达的跌倒检测方法,解决了隐私侵犯的问题[②];但采用雷达信号的成本相对高昂,两者在进行行为识别时均易受周围环境噪声的影响,导致识别结果准确性降低。

基于上述原因,构建基于 RFID 技术的智能监护环境、将 RFID 技术与养老院或康复机构等生活场景充分融合,有成本低廉、保护隐私、免于频繁维护、高准确率、高灵敏度等诸多优点,能为智能监护产业提供诸多便利。基于 RFID 技术的人体行为识别系统可识别行走、躺下、按压胸口、摔倒等粗粒度的行为和呼吸频率变化、手势交互等细粒度的行为,再用识别结果衡量用户健康状况,对用户可能面临的健康危机做出预警并反馈给监护人员;同时,基于 RFID 技术的室内定位技术也可用于智能监护领域,通过测定人体在室内环境的具体位置来更好地配合人体行为识别技术监测用户安全状况。Koichi Takatou 等人提出了一种基于云与机器学习的无源 RFID 传感器标签跌倒检测系统,可在对老人跌倒等敏感行为进行监测的同时而不侵犯其隐私[③]。一种用于识别老年人跌倒事故的楼梯传感器系统被提出,其根据 RSSI 和压力值,

① CAO G, YANG J, CHEN M. Fusion system design of multi-sensors and visual algorithm for elderly fall detection[C]//2023 IEEE 6th eurasian conference on educational innovation (ECEI), 2023: 146-148.

② SADREAZAMI H, BOLIC M, RAJAN S. Contactless fall detection using time-frequency analysis and convolutional neural networks[J]. IEEE transactions on industrial informatics, 2021, 17(10): 6842-6851.

③ TAKATOU K, SHINOMIYA N. Cloud-based fall detection system with passive RFID sensor tags and supervised learning[C]//2021 IEEE 10th global conference on consumer electronics (GCCE), 2021: 153-156.

再通过机器学习判断楼梯间老人的运动情况,包括站立未倒地、行走和跌倒等[①]。为减少穿戴式设备带给老年人的不适感,有学者将 RFID 标签附着于老年人在室内经常使用的鞋子上,检测老人在行走时是否发生摔倒等异常动作,使用机器学习技术进行数据收集和特征提取,构建了一个跌倒检测系统[②]。Panunzio 与 Marrocco 采用由 RFID 技术支持的表皮无电池设备,通过测量流经气道的空气的温度梯度来无线监测呼吸,为异常呼吸等不健康状态的识别提供了简便、非侵入式的解决方案[③]。Chung 等人开发的系统使护理人员通过健康监控界面及时了解患者的身体状况并对病人进行定位,以便护理人员及时到达病人所在位置,保障病人的生命健康安全[④]。还有学者通过垃圾桶容量与饭菜剩余量等指标间接判断老年人的生理与心理健康状态,提出了一种识别独居老年痴呆症患者行为的监测系统,减轻了老年人的精神和身体负担。张迁等人提供了非绑定式检测人体姿态的解决方案,摒弃图像与轮廓的呈现而避免侵犯使用者的隐私,使老人的安全随时得到保障[⑤]。He 等人提出了一种 RFID 标签的改进方法,使用交叉圆偏振配置的标签提高信噪比,并通过实验检测出包括点头、摇头、挥手、呼吸等常见的居家生活行为[⑥]。还有研究采用 LSTM 结合循环神经网络(RNN)模型提出了一种人体活动分类框架,适用于

① BANNO W,SHINOMIYA N. Monitoring system for the elderly on staircase using passive RFID sensor tags[C]// 2019 IEEE 8th global conference on consumer electronics (GCCE),2019:816-817.

② TODA K,SHINOMIYA N. Fall detection system for the elderly using RFID tags with sensing capability[C] // 2018 IEEE 7th global conference on consumer electronics (GCCE),2018:475-478.

③ PANUNZIO N,MARROCCO G. RFID-based respiration monitoring using temperature sensing[C]//2022 IEEE 12th international conference on RFID technology and applications (RFID-TA),2022:117-120.

④ CHUNG C Y,PENG I T. Based on RFID positioning system with wireless medical care environment simulation[C]//2018 international symposium on computer,consumer and control (IS3C),2018:177-180.

⑤ 张迁,霍欣,段学铭,等.基于 RFID 的人体姿态识别系统[J].信息技术与信息化,2020(3):160-163.

⑥ HE X,ZHU J,SU W,et al. RFID based non-contact human activity detection exploiting cross polarization[J]. IEEE access,2020,8:46585-46595.

智能健康和智能家居,可以为老年人提供无处不在的感知环境[①]。一种基于商用 RFID 的非接触式射频识别系统 RF-Notouch 被提出,构建了一个 RF-Notouch 动作识别分类模型,可以在没有接触的情况下识别用户的按钮动作[②]。

9.4　RFID 人体行为识别研究实例

以优化的遗传算法、跨域模型迁移与 RFID 防碰撞算法为技术基础支撑,在养老院、康复机构等具体场景中构建基于 UHF RFID 系统的粗/细粒度人体行为识别与室内定位的整体性系统。在人体行为识别研究中,需要解决的科学问题如下:

(1)提高多径环境下粗粒度人体行为识别的检测能力:粗粒度人体行为识别是人体行为识别领域的一个重要分支,主要关注那些幅度较大、容易辨识的行为,如摔倒、扶额、急促挥手、抽搐等常见的异常行为。多径效应,即由于无线信号在传播过程中受到多种物体的反射、折射和散射,导致信号强度、相位和到达时间等参数发生变化,给人体行为识别带来了极大的困难。基于 RFID 与可选择注意力机制的粗粒度人体行为识别模型,不仅有效克服了传统模型隐私性差、光照需求严格的缺点,并且解决了单天线条件下对多种粗粒度行为无接触识别的问题。

(2)提高小样本数据环境下细粒度人体行为识别的检测能力:与粗粒度人体行为识别不同,细粒度行为识别是一个更为精细和复杂的任务,专注于那些具有微小差异的行为,旨在实现更准确的分类和识别。这些微小的差异可能包括动作的细微变化、姿势的微妙调整或是行为过程中的一些细微特征。在数据样本相对较小的环境下,模型能够学习的有效信息具有很强的局限性,且训练出的模型容易呈现过拟合与泛化能力不强的问题。基于对抗学习的细粒度手指追踪模型则在追踪任务训练数据不足的条件下采用数据增强技术,最小化不可转移特征与负面迁移的影响,能够抵抗噪声干扰、提升训练性能,为

①　OGUNTALA G A, HU Y F, ALABDULLAH A A S, et al. Passive RFID module with LSTM recurrent neural network activity classification algorithm for ambient-assisted living[J]. IEEE internet of things journal,2021,8(13):10953-10962.

②　SADREAZAMI H, BOLIC M, RAJAN S. Contactless fall detection using time-frequency analysis and convolutional neural networks[J]. IEEE transactions on industrial informatics,2021,17(10):6842-6851.

解决小样本数据环境下的细粒度行为识别问题提供了一种有效的思路和方法。

（3）提高室内定位精度，实时定位识别的目标位置：以 UHF RFID 系统为载体，结合深度学习技术，并在定位之前采用注意力机制等算法对所采集的电磁波信息进行必要处理，实现提高模型训练效率和室内定位精度的研究目标。利用信号处理技术，对 RFID 信号进行预处理，以消除环境噪声和非特定信号的干扰，可以提高数据采集的效率。在室内定位算法中引入一阶差分信息（时序分析中非常重要的特征信息），可以有效减少数据的波动。

9.4.1　基于 RFID 的可选择注意力机制标签无附着粗粒度行为识别研究

随着人体行为识别领域的发展和研究任务的深入，如何在复杂多路径环境下，完成标签无附着的人体行为识别，成为近些年的研究热点。现有的方法主要是通过大量的数据采集设备来多方位获取行为数据，设备部署难度大，且无法很好地识别环境中多个目标的行为活动。

传统的标签附加方法需要将 RFID 标签附加到特定的对象或用户上，根据追踪其运动产生的信号变化来推断活动类型。这种方法需要设备高度附着在被检测目标上，对于检测环境要求极高且存在设备部署难度高的问题，此外还会造成隐私侵犯。因此，近些年来越来越多的研究者将目光投向了标签无附着的场景。然而标签无附着的场景中仍然存在以下挑战。首先，环境干扰容易导致标签与天线之间的直接传播链路上的信号衰减。因此，先前的研究往往需要引入更多的天线来减少由环境引起的多径干扰。其次，目前基于 RFID 的行为识别研究主要集中在简单场景，即一个人在一个开放的环境中。而对于场景下的多目标识别存在一定的困难，这是因为多目标间的相互作用较为丰富，经后向散射后的信号不可避免地会出现混杂，因此在这种场景下进行多目标行为识别往往准确率较低。为解决以上问题，一种基于 Transformer-Encoder 变体的可选择注意力机制模型 DeepMultiple 模型被提出，该模型通过提取整合时频域上的信息特征，使用可选择性注意力机制，可以有效地提取复杂多路径环境下的行为特征，达到在复杂多路径环境下的多目标粗粒度人体行为识别。

DeepMultiple 模型主要由前期的数据预处理模块和人体行为识别模块两部分组成。数据预处理的流程为相位校准—数据分割和重构—快速傅立叶变化。人体行为识别模块是该模型的核心模块，可以进一步细分成单独卷积层、数据展平合并层、以 Transformer-Encoder 部件为基础的变体层和线性变化输出层。具体流程如图 9-1 所示。

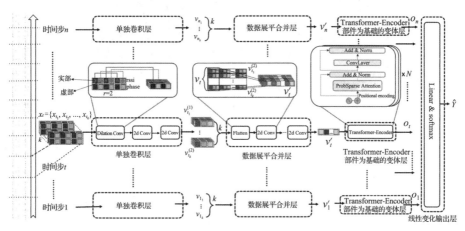

图 9-1　DeepMultiple 行为识别模块总体流程

9.4.2　基于 RFID 的生成对抗网络细粒度手指行为追踪研究

手势识别作为细粒度行为识别的一个重要方向,致力于准确识别和分类各种手势。这涉及对手势的细微差异进行捕捉、分析和比较,以实现对手势的精确分类和识别。

在养老院或康复机构等场景内,老人或患者由于年龄和某些疾病的原因,无法准确使用和点击娱乐设施(如电视等)的控制设备,这将大大降低他们的幸福感。为了解决此问题,笔者团队研究准确识别人体的细粒度手指踪迹,并将其运用在电子设备控制上。使用传统的传感器、相机和其他设备进行手指追踪的方法受限于高成本、对环境的敏感性以及对用户隐私保护的不足。为了解决这些局限性,笔者所在课题组提出了 ARFG(attach-free RFID finger-tracking with few samples based on GAN),一种基于生成对抗网络(GAN)的无附加设备的 RFID 手指追踪系统。ARFG 捕捉手指在 RFID 标签阵列前的运动所引起的时间序列反射信号变化。这些信号被转化为特征图输入一个使用半监督算法的全监督分类模型 DS-GAN 中,由该模型对特征图进行识别。ARFG 能够准确地识别手指轨迹,并通过使用软阈值来克服传统 GAN 在有限数据集训练中的挑战。ARFG 整体框架如图 9-2 所示。

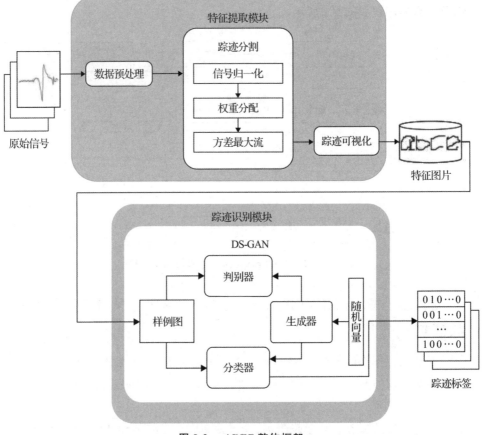

图 9-2   ARFG 整体框架

　　其中包含两个关键部分:特征提取模块和踪迹识别模块。ARFG 首先将从标签阵列收到的原始时间序列信号作为输入,输入数据预处理模块,以创建一个平滑、均匀的时隙信号。之后,手指轨迹可视化模块接收手势时间序列数据作为输入并生成可视化的踪迹图像。可视化的图像被传递给踪迹识别模块,该模块利用 DS-GAN 完成对手指踪迹图像的识别(如将手写踪迹字母"a"识别为相对应的类别编号)。

9.4.3   基于 RFID 的注意力机制与双阶门控循环单元定位算法研究

　　室内定位技术是定位领域中的重要研究课题,室内环境中的干扰和噪声相比室外更少。但是现有方法仍存在精度不足、实时性与抗干扰能力仍未满足等问题。因此,基于注意力机制与双阶门控循环单元(GRU)的 RFID 室内定位算法是一个创新的研究方向,旨在通过先进的信号处理和机器学习技术,解决室内定位领域面临的挑战。

9.4.3.1　基于注意力机制的电磁波信息采集与处理技术

从 RFID 信号中提取更丰富的特征,以提高定位精度,再结合注意力机制,应用到基于 RFID 的室内定位算法中,既能让一维信息通过上下文信息映射到高维空间中,又能让模型更加精确地聚焦于对定位至关重要的信号特征。

基于 RFID 室内定位技术,采用单个阅读器采集定位标签的电磁信息,形成一个时序数据集,将室内定位问题处理成时序回归问题,可采用时间序列模型解决。具体做法就是,以阅读器所采集得到的待定位标签的 RSSI 序列作为特征输入,以标签坐标作为目标值输出,对模型进行训练,最后采用训练好的模型对待定位目标进行坐标预测,如图 9-3 所示。

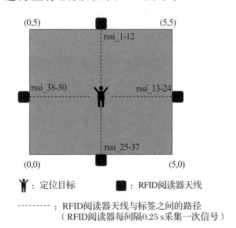

图 9-3　室内定位算法 RFID 信号数据采集示意

将注意力机制应用到基于 RFID 的室内定位算法中,其目的有两点:一是让一维信息通过上下文信息映射到高维空间中;二是让模型能够关注到对于室内定位算法真正有用的部分。

图 9-4 所示为自注意力机制室内定位模型的结构示意图,图中从左至右分别为输入、注意力机制、注意力输出、定位模型和输出。

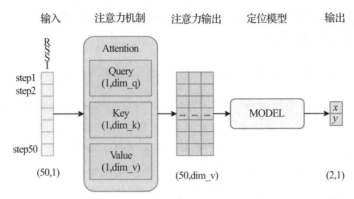

图 9-4　自注意力机制室内定位模型结构示意

9.4.3.2　基于双阶门控循环单元的室内定位算法技术

门控循环单元(GRU)是一种常用于自然语言处理和序列数据处理中的神经网络模型,基于 LSTM 发展而来,且具有更快的运算速度。本小节所述定位算法技术引入一阶差分信息,采用时序深度神经网络模型对室内定位数据建模,以捕获 RFID 信号数据中的复杂时序依赖关系,突破室内定位算法精度瓶颈,采用参数共用机制降低了模型大小、提高了泛化能力,能进一步提升室内定位算法精度。

为了提高时序深度模型的定位算法精度,考虑引入一阶差分信息。一阶差分是指离散函数中两个相邻项之间的差值信息。作为时间序列分析中非常重要的特征信息,一阶差分信息可以有效地反映关系帧之间的动态关系,减少数据的波动,从而使序列更稳定。针对接收信号强度指示呈锯齿形波动问题,从差值维度进行分析,提出基于双阶门控循环单元(double-order GRU,D-GRU)的室内定位算法。D-GRU 模型可以由图 9-5 描述,图左侧为原阶信息 GRU 网络,右侧为一阶差分信息 GRU 网络。然后通过隐藏单元的合并,线性变换,得到室内定位坐标。双阶门控循环单元室内定位模型结构如图 9-5 所示。

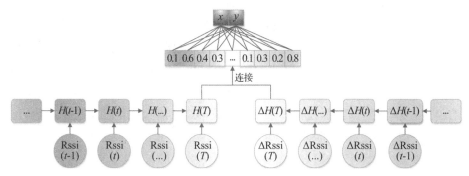

图 9-5　双阶门控循环单元室内定位模型结构

9.4.4　基于 RFID 的行为识别与室内定位的支撑性算法

为了提高 RFID 人体行为识别算法与室内定位算法的效率、可迁移性与准确性，从以下三个不同的角度对两项算法所普遍面临的共同问题进行了动态的优化与改进，包括算法训练效率过低、泛化能力不足、室内环境信号普遍碰撞等。

9.4.4.1　基于改进遗传算法的神经网络权重优化方案

传统遗传算法常用于权重调优，但在此过程中存在以下三项主要缺点：其一，遗传算法的编程实现相对复杂，需要对问题进行编码和解码，且在适应度值计算时需要不断解码，这可能浪费大量时间；其二，遗传算法在迭代后期可能出现过早收敛、种群停止进化的情况；其三，变异率的选取存在难度，若变异率过小则易陷入局部最优解，变异率过大则会严重影响到算法收敛的速度。

针对上述问题，有以下三种优化方案：其一，把神经网络的每个网络层作为操作的最小单位，精简染色体结构从而加快运算速度；其二，引入了种群池用于保存每代种群中的优良个体（适应度值），在进行父代选择时，同时在种群池和当前种群中选择；其三，采用种群熵策略监控种群的多样性以实现对变异率的动态调整。在经过优化的遗传算法基础上，结合传统用于神经网络权重优化的反向传播算法，采用改进后的遗传算法来动态调整神经网络架构中的权值，使神经网络能够捕获到更为丰富的特征信息，优化了网络的初始权重，在提升模型效果的同时减少模型训练时间。

对于深度学习神经网络，一般使用 BP（back propagation）算法来进行训练，这通常需要花费大量的时间和精力。该算法在模型中计算误差，并在模型进行训练时更新权值。在 BP 中，初始权值是随机初始化的，模型的精度取决于初始猜测的质量。BP 作为一种梯度方法,其主要局限性是对初始猜测的灵敏度较高,解可能陷入局部极小值。为了克服这个问题,需要付出更多的努力来找到合适的初始猜测(接近全局最小值),并重新启动训练过程以获得最佳性能。这个问题可以通过使用进化算法来解决,例如遗传算法。由于神经网络的训练过程基本上是一个优化问题,基于 BP 的神经网络训练可以通过使用遗传算法来增强。首先,遗传算法可以生成一个接近最优解的最优初始值,这将使下一步的 BP 训练能够以更高的收敛速度得到权值的最优值。

改进后的遗传算法通过动态调整神经网络中的权值,使神经网络能够搜索到非常复杂的特征层次,捕获到丰富的特征信息,在提升模型效果的同时减少模型训练时间。该算法的目的在于把每个神经网络层的权重组成遗传算法的一条染色体,应用遗传算法的思想不断迭代生成子代,最终选取一组参数使得模型的精度达到最高,即 Loss 最小。图 9-6 简单介绍了改进遗传算法的流程图。

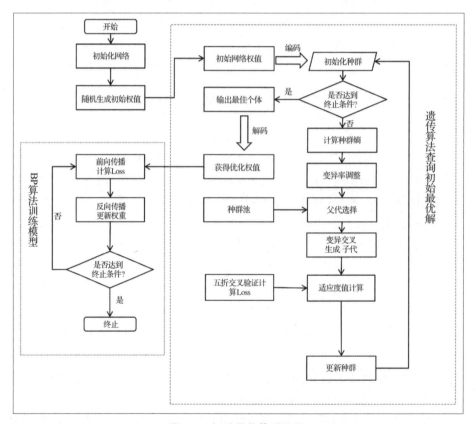

图 9-6　权重优化算法流程

9.4.4.2 基于可迁移注意网络和对抗网络的优化方案

目前,大多数基于 RFID 系统的研究侧重特定领域的识别,在解决跨域问题时,现有解决方案通常将全局特征用于领域适应,缺乏对不可转移特征的考虑,从而导致识别准确性的降低。

由此提出一种跨域识别模型 TAHAR,利用可转移的注意力和对抗学习消除了不可转移特征和领域特定特征的负面影响,提供一个更为可靠的人体行为识别算法模块。TAHAR 进一步保证了特征向量的可转移性和可辨识性,使得不同环境、不同场景下的 RFID 信号能够进行有效的迁移,提高了鲁棒性和识别的准确率。

改进的自注意力机制和适用于跨域迁移的域鉴别器能够帮助模型在不同场景下迁移学习。利用注意力机制进行加权,以获取与特定域无关的特征向量,并利用域鉴别器的无监督学习来区分不同的域。在模型训练过程中,加强特征提取器以提取仅与动作本身相关而与域无关的特征。这两者的协同训练有效消除了不可迁移特征的影响,减少了域适应中的负迁移效应,提高了在不同环境和不同人变换下的动作行为识别准确率。图 9-7 所示为该方案的结构示意图。

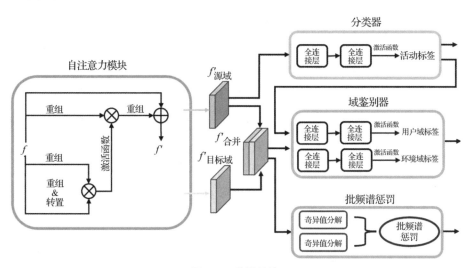

图 9-7 模型结构

在训练过程中,自注意力机制和基于对抗网络的域鉴别器二者相互协作。自注意力机制确保模型更集中地学习相关时空特征,同时域鉴别器帮助模型过滤与行为识别无关的域差异。通过这种综合的方法,能够更好地平衡时空特征的学习和域适应性,从而有效降低可转移特征和领域特定特征的负面影响。

9.4.4.3　基于深度确定性策略梯度的防碰撞算法研究

当某一环境下同一信道中有多组阅读器和标签同时通信时,可能会发生碰撞现象。在标签密集的场景,若多个标签同时响应阅读器,则信号可能会混合在一起导致乱码或因捕获效应而忽略某一回复信息;在阅读器密集的环境中,若两台阅读器在互相干扰范围内同时选择了同一个信道资源,则会发生信道的碰撞。

为解决不同场景下的 RFID 碰撞问题,针对因阅读器及信道数量增加而导致防碰撞效率降低的问题,引入深度确定性策略梯度算法(deep deterministic policy gradient,DDPG),极大降低通信过程中的碰撞率,训练得到最优行为策略函数。

深度确定性策略梯度算法是深度 Q 网络的一个扩展,它结合了基于价值的强化学习思想和基于策略的强化学习思想。算法用一个 Actor 网络,输入状态观测值 s,直接返回下一步选取的动作,这个动作能够使得 Q 值最大,而不用通过计算每一个动作去计算 Q 值,最后比较大小。也就是说使用 Actor 网络代替了深度 Q 网络中 $\max Q^*(S_{t+1},a)$ 的过程。另外,使用一个 Critic 网络评价动作的好坏,接收动作和状态观测值作为输入,并输出在状态 S 下该动作的 Q 值,采用策略梯度更新两个网络的权重,最终学习到不同状态下选择最优动作的策略。图 9-8 所示为该网络的结构示意图。

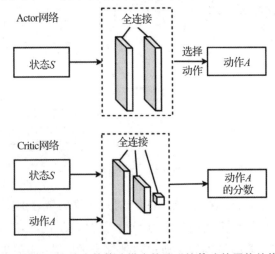

图 9-8　基于深度确定性策略梯度的防碰撞算法的网络结构示意

该部分算法引入的重参数技巧将网络输出映射到离散的信道、分配动作空间以及新的 AC 结构、分开训练决策网络和评估网络,弥补了传统 DQN 训练慢的不足,并提升了防碰撞效果。

9.5　本章小结

本章旨在探讨基于 RFID 的人体行为识别技术,以及相关研究背景、存在的问题、当前研究现状和未来展望。

首先,从研究背景入手,介绍了人体行为识别的重要性和应用前景。接着,分析了目前人体行为识别领域存在的问题,包括多标签碰撞、多径效应等方面的挑战。

其次,重点关注了 UHF RFID 在人体行为识别方面的研究现状。探讨了 UHF RFID 在人体行为识别和室内定位领域的应用,以及相关的算法研究,如防碰撞算法和室内定位算法等。这些研究为基于 RFID 的人体行为识别技术的发展提供了重要的技术支持和理论基础。

最后,展望了基于 RFID 的人体行为识别研究的未来发展方向。本章提出了一系列新的研究课题,如基于注意力机制的行为识别研究、基于生成对抗网络的手指行为追踪研究等,以期为该领域的深入研究和技术创新提供启示和指导。

综上所述,本章系统地介绍了基于 RFID 的人体行为识别技术的研究现状和未来展望,为读者深入了解该领域的发展趋势和研究方向提供了重要参考。

第**10**章

集团企业信息系统案例分析

10.1　智能供应链管理系统在集团企业的应用

对智能供应链管理系统在信息物联网的应用进行案例分析,重点关注其整体架构、RFID 和 AI 的应用情况以及项目实施过程。

在本案例中,我们将详细介绍集团企业智能供应链管理系统的建设和应用情况。A 集团企业是一家领先的物联网解决方案提供商,为客户提供包括物联网设备、平台和解决方案在内的全方位服务。面对复杂的市场环境和客户需求,A 集团企业决定引入智能供应链管理系统,以提高供应链的效率、可视化和智能化水平。图 10-1 所示是智能供应链管理系统。

智能供应链管理系统是基于 RFID 和 AI 构建的信息系统,旨在实现对供应链各环节的实时监控、数据分析和智能决策。系统的具体架构包括设备端、数据采集端、数据处理端和应用端四个部分。设备端负责部署 RFID 传感器和智能设备,用于实时监测物流、仓储和生产环节的数据;数据采集端负责收集、处理和传输设备端采集的数据;数据处理端通过 AI 算法对数据进行分析和挖掘,提取关键信息;应用端提供用户界面和决策支持,帮助管理者进行供应链管理和优化。

在系统实施过程中,A 集团企业首先对供应链各环节进行全面的数据采集和分析,建立了供应链的数字化模型。然后,通过部署 RFID 传感器和智能设备,实现了对物流、仓储和生产环节的实时监控和数据采集。同时,利用 AI

算法对大数据进行深度学习和分析,识别出供应链中的关键节点和潜在风险,并提出相应的优化方案。最后,通过应用端的用户界面,管理者可以实时查看供应链各环节的数据和状态,并进行智能决策和调整。

经过系统的应用和优化,供应链管理系统的智能化发展成效显著。首先,供应链的可视化水平得到了显著提高,管理者可以实时监控供应链各环节的数据和状态,及时发现和解决问题。其次,供应链的运作效率得到了明显提升,订单处理时间和成本大幅降低,客户满意度和市场竞争力得到了显著提升。最后,智能供应链管理系统的应用也为 A 集团企业未来的发展提供了有力支撑,为其实现数字化转型和智能化升级奠定了坚实基础。

综上所述,智能供应链管理系统的建设和应用为企业信息化发展提供了有益借鉴和启示。通过引入 RFID 和 AI,实现供应链的数字化、可视化和智能化,不仅可以提高供应链的效率和质量,还可以为企业的持续发展打下坚实基础。

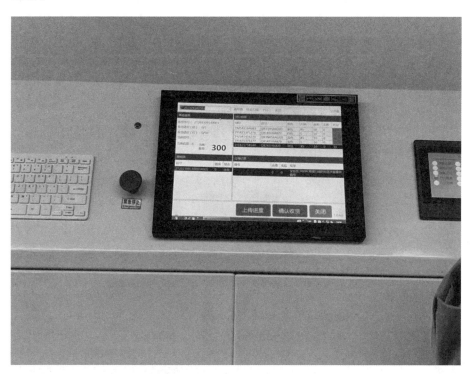

图 10-1　智能供应链管理系统

10.2　智能物流管理系统在集团企业的应用

本节详细介绍了 A 集团企业智能物流管理系统的建设和应用情况,包括系统架构、核心模块以及在实施过程中采取的措施,最后总结了系统的成效和对企业的意义。

在本案例中,我们将详细介绍 A 集团企业智能物流管理系统的建设和应用情况。作为一家领先的物联网解决方案提供商,A 集团企业致力于为客户提供全方位的物联网解决方案,例如智能物流管理系统。该系统利用 RFID 和 AI 技术,实现对物流运输过程的智能化监控和管理,以提高物流运作效率和服务质量。图 10-2 所示为智能物流管理系统。

智能物流管理系统的核心架构包括物流节点监控、运输路径规划、货物追踪和异常处理等模块。在物流节点监控方面,系统部署了大量的 RFID 传感器和智能设备,实现了对物流节点(如仓库、物流中心、运输车辆等)的实时监控和数据采集。运输路径规划模块利用 AI 算法对运输路径进行优化和规划,确保货物能够以最短的时间和最低的成本到达目的地。货物追踪模块通过 RFID 实现对货物的实时追踪和定位,随时了解货物的位置和状态。异常处理模块利用 AI 算法分析数据,及时发现和处理运输过程中的异常情况,保障货物的安全和及时性。

图 10-2　智能物流管理系统

10.3　智能工厂管理系统在集团企业的应用

　　本案例将详细介绍 A 集团企业智能工厂管理系统的建设和应用情况。智能工厂管理系统(见图 10-3)是基于 RFID 和 AI 技术构建的信息系统,旨在实现对工厂生产过程的智能化监控和管理以提高生产效率和质量,降低成本和风险。系统的主要功能包括设备监控、生产调度、质量检测和异常处理等模块。设备监控模块通过部署 RFID 传感器和智能设备,实现了对工厂设备的实时监控和数据采集,帮助管理者及时发现和解决设备故障。生产调度模块利用 AI 算法对订单和资源进行优化和调度,提高了生产效率和资源利用率。质量检测模块通过 RFID 技术实现对产品的实时追踪和质量检测,确保产品质量和生产安全。异常处理模块利用 AI 算法分析生产过程中的异常情况,提出相应的解决方案,保障生产进度和产品质量。

　　在系统实施过程中,A 集团企业采用了一系列有效的措施来确保系统的顺利实施和运营。首先,公司与客户合作,进行详细的需求分析和方案设计,确保系统能够满足客户的实际需求。然后,公司积极部署 RFID 传感器和智能设备,建立起工厂生产监控网络。同时,公司利用 AI 技术对大数据进行分析和挖掘,提取关键信息,为生产决策提供智能支持。最后,公司不断优化系统功能和性能,提高系统的稳定性和可靠性,确保系统能够持续发挥作用。

　　经过系统的应用和优化,A 集团企业智能工厂管理系统取得了显著的成效。首先,生产效率得到了显著提升,生产周期和成本大幅降低,客户满意度和市场竞争力得到了显著提升。其次,产品质量得到了有效保障,不良品率和退货率显著降低,为客户提供了更加可靠的产品。最后,智能工厂管理系统的应用也为 A 集团企业未来的发展提供了有力支撑,为其实现数字化转型和智能化升级奠定了坚实基础。

　　综上所述,A 集团企业智能工厂管理系统的建设和应用为工厂管理提供了创新性的解决方案,为企业的信息化发展和数字化转型提供了有益借鉴和启示。通过引入 RFID 和 AI,实现工厂生产过程的智能化和可视化,不仅可以提高生产效率和产品质量,还可以为企业的持续发展提供有力支撑。

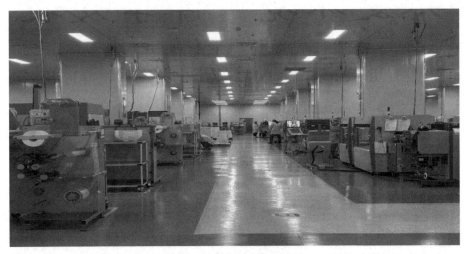

图 10-3　智能工厂管理系统

10.4　其他案例

在本节中,我们将简要介绍一些其他企业的智能物联网系统应用案例,这些案例展示了不同行业和领域中智能物联网技术的应用和效果。

10.4.1　案例 1:智能零售

A 集团企业成功地引入了基于 RFID 和 AI 的智能物联网系统,这一系统通过在商品上部署 RFID 标签和传感器,实现了对商品的实时监控和管理。这不仅提高了零售商对商品的跟踪能力,而且还极大地提升了顾客的购物体验。图 10-4 所示为 RFID 技术在智能零售的应用。

AI 算法在这一智能零售系统中发挥了关键作用。利用机器学习算法,系统能够分析顾客的购物行为、偏好以及购买历史,从而为顾客提供个性化的商品推荐。例如,系统可以根据顾客在网上浏览或购买的商品,预测其可能的购买意向,并在实体店内推荐相应的商品,从而提高销售转化率和顾客满意度。

此外,AI 算法还用于对库存和销售数据进行实时分析。通过深度学习算法,系统能够预测商品的销售趋势,提前调整进货计划和销售策略,以避免库存积压或缺货,从而优化供应链管理。

集团企业通过这种基于 RFID 和 AI 的智能零售系统,不仅能够提高销售额和客户满意度,还能够实时监控库存和销售情况,优化进货和销售策略,大幅度提高供应链的效率和质量。

这一案例展示了基于 RFID 和 AI 的集团企业信息系统架构与项目实施模型在零售行业中的应用和效果。随着技术的不断发展和创新,这种智能零售系统将广泛应用于零售行业,为零售商提供更加智能、高效和个性化的服务,推动零售业的数字化转型和智能化升级。

图 10-4　RFID 技术在智能零售的应用

10.4.2　案例 2:智慧试衣间

A 集团企业推出了一套创新的智慧试衣间解决方案,为零售行业带来了革命性的购物体验。这套系统结合了 RFID 和 AI,为消费者提供了个性化、高效的试衣服务,同时也为零售商带来了数据驱动的运营管理。图 10-5 所示为智能试衣间,图 10-6 展示了智能试衣间的自助付款功能。

在试衣间内,每件衣物都配备了 RFID 标签,消费者在试衣时可以通过智能镜子扫描 RFID 标签,立即获取该衣物的详细信息,如尺码、颜色、价格等。此外,智能镜子结合 AI 技术,根据消费者的身体尺寸和试衣反馈,为其推荐适合的搭配建议或相关商品,从而提升了消费者的购物满意度和购买转化率。

A 集团企业的智慧试衣间系统还支持虚拟试衣功能,消费者可以通过触摸屏或手机 APP 选择不同款式和颜色的衣物,然后在智能镜子上实时预览效果,帮助他们快速找到心仪的商品,减少试衣的时间和烦琐的过程。

此外,系统还能实时监测试衣间的使用情况,分析流量、试衣率和购买率等数据,帮助零售商优化试衣间布局、商品陈列和促销策略,从而提高销售效率和客户满意度。

　　总体而言,A 集团企业的智慧试衣间解决方案不仅提升了消费者的购物体验,还为零售商提供了数据支持,帮助他们更好地理解消费者需求,优化运营管理,实现业务增长和持续创新。

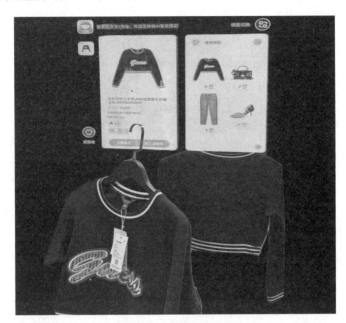

图 10-5　智能试衣间

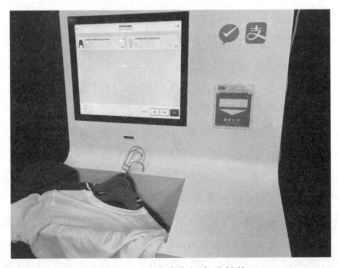

图 10-6　智能试衣间自助付款

10.4.3　案例 3：智慧图书管理系统

A 集团企业引入智能物联网系统，为图书馆提供了一套全面的智慧图书管理解决方案。通过在图书、阅读器以及自助借还机上部署 RFID 标签和传感器，系统实现了对图书的实时追踪和管理。不仅能监测图书的位置和借阅状态，还能获取图书的温湿度、流通频率等详细信息，从而为图书馆提供更加精准的管理服务。图 10-7 所示为智能图书归还系统，图 10-8 展示了智能图书分类系统。

系统结合 AI 技术，实时分析用户的借阅习惯、图书流通数据以及图书馆的使用情况，从而优化图书推荐、采购策略和图书馆布局。这不仅能提高图书馆的运营效率和服务质量，还能显著降低管理成本和资源浪费。

此外，智慧图书管理系统还支持自助借还功能，用户可以通过触摸屏界面自主借阅和归还图书，大大提高了借阅效率和用户体验。系统还能自动处理图书的损坏或丢失信息，及时更新图书库存数据，确保图书馆的资料齐全和准确。

通过引入 RFID 和 AI，A 集团企业的智慧图书管理系统不仅为图书馆提供了高效、准确的图书管理解决方案，还为其实现数字化转型和智能化升级提供了有力支撑，为图书馆未来的发展奠定了坚实基础。

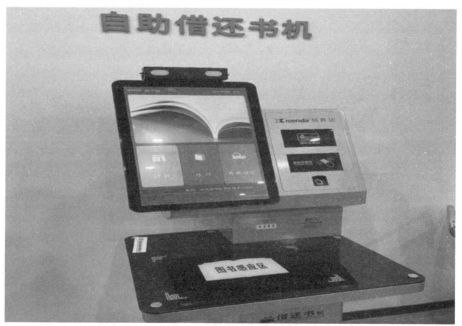

图 10-7　智能图书归还系统

图 10-8　智能图书分类系统

10.4.4　案例 4:智慧健康医疗系统

　　一个先进的医疗机构采用基于 RFID 和 AI 的智能健康医疗系统,通过在医疗设备、药品和患者身上部署 RFID 标签和传感器,以及应用 AI 算法进行数据分析和处理,实现了对患者健康状况的实时监测和管理。系统可以监测患者的生命体征、用药情况、病情变化等关键信息,及时发现和处理患者的健康问题,提高医疗服务的质量和效率。图 10-9 所示是智慧健康医疗系统。

　　此外,系统还能实现药品库存自动化管理、优化医疗资源分配,确保医疗设备的高效利用和医疗物品的及时供应。通过实时数据分析和 AI 算法,医疗机构可以提前预警患者的健康风险,制订个性化的治疗方案,同时降低医疗事故和误诊的风险。

　　这一案例突显了如何借助 RFID 和 AI 技术,构建智慧健康医疗系统,实现医疗资源的智能化管理和优化,提升医疗服务的质量和效率。这不仅为医疗机构提供了更先进、更智能的管理工具,也为患者提供了更安全、更高效的医疗服务,推动了医疗行业的数字化转型,加速了医疗行业智能化进程。

图 10-9　智慧健康医疗系统

10.4.5　案例 5：智慧城市

在智慧城市建设中,可以采用基于 RFID 和 AI 的智能物联网系统助力城市信息化建设。通过在城市基础设施、公共服务以及集团企业的各个部门和业务流程上部署 RFID 标签、传感器和智能设备,可以实现对城市和企业运行状况的实时监测和管理。系统能够监测交通流量、环境污染、能源消耗、生产流程、物流运输等关键指标。

在 AI 算法方面,机器学习和深度学习是其中的核心方法。深度学习方法中的卷积神经网络(CNN)用于图像识别和分析,而递归神经网络(RNN)用于序列数据,如时间序列的交通流量或传感器数据。

例如,通过机器学习算法对交通流量数据进行分析,预测高峰期和拥堵区域,从而优化交通管理和规划。对于环境污染数据,可以使用深度学习算法识别和分析污染源,提出有效的治理措施。在企业方面,通过分析生产流程和设备数据,预测潜在故障和维护需求,实现设备的智能化维护和管理。同时,递归神经网络可以用于预测供应链的需求、货物流动以及生产效率。

这样的系统结合了实时数据收集和 AI 算法的智能分析,可以智能应对突发事件、市场变化和供应链中断等风险,确保城市和企业的安全、稳定和持续发展。通过实时数据和智能分析,集团企业能够优化生产调度、提升产品质量、减少能源消耗、降低物流成本,实现企业的可持续发展。

这些案例展示了基于 RFID 和 AI 的集团企业信息系统架构与项目实施模型在城市管理和企业运营中的应用和效果,为企业和社会带来了巨大的价值和便利。随着技术的不断发展和创新,基于 RFID 和 AI 的智能物联网系统将在更多行业和领域中发挥重要作用,推动社会、企业和城市的数字化转型、智能化升级和可持续发展。

10.5　本章小结

本章主要介绍了智能物联网系统在集团企业信息系统中的应用案例。首先,对智能供应链管理系统的建设和应用情况进行了详细介绍,该系统利用 RFID 和 AI 实现了对供应链各环节的实时监控和管理,提高了供应链的效率和可视化水平。接着,介绍了智能物流管理系统的建设和应用情况,该系统通过 RFID 和 AI 技术实现了对物流运输过程的智能化监控和管理,提高了物流运作效率和服务质量。最后,对其他企业的智能物联网系统应用案例进行了简要介绍,展示了智能物联网技术在不同行业和领域中的应用和效果。

通过本章的学习,我们可以看到智能物联网系统在集团企业信息系统中的重要作用。这些系统利用先进的 RFID 和 AI 技术,实现了对企业生产、供应链和物流等方面的智能化监控和管理,提高了企业的运营效率和管理水平,为企业的数字化转型和智能化升级提供了有力支撑。未来,随着技术的不断发展和创新,智能物联网系统将在更多领域发挥重要作用,推动企业的持续发展,增强其竞争优势。

本章的内容对于理解智能物联网技术在企业信息化中的应用和意义具有重要的参考价值,对于企业管理者和技术人员具有一定的指导意义。我们相信随着智能物联网技术的不断发展和应用,将会为企业带来更多的机遇和挑战,推动企业向着数字化、智能化的方向迈进。

第**11**章

总结与展望

11.1 总结

在本书中,我们深入探讨了基于 RFID 和 AI 的集团企业信息系统架构与项目实施模型。

首先,我们系统地介绍了 RFID 和 AI 的基本概念、组成、分类和特点,特别是它们在企业信息化中的重要作用和价值。这为后续的研究奠定了坚实的理论基础。

其次,本书着重探讨了软件工程的过程模型,包括软件开发生命周期和常用的软件工程模型。结合 RFID 和 AI 技术,我们深入分析了它们在软件开发过程中的应用和影响,从而为企业提供了有效的开发和管理策略。

最后,本书针对集团企业的实际需求和挑战,设计了基于 RFID 和 AI 的信息化规划、系统架构以及项目实施模型。我们强调了业务协同与信息协同的重要性,通过具体案例分析,验证了理论模型的实用性和有效性。

总体而言,本书不仅详细介绍了 RFID 和 AI 技术,还为集团企业在信息化建设和项目实施方面提供了全面的解决方案和实践指导。通过结合理论研究和实际案例,我们成功地构建了一个基于 RFID 和 AI 的集团企业信息系统架构和项目实施模型,为企业的数字化转型和智能化升级提供了有力的支撑。

11.2 展望

在未来的研究和应用中,以下几个方向值得进一步关注。

技术融合与创新:随着技术的不断发展,如何将 RFID、AI 与其他前沿技术(如 5G、边缘计算等)有效融合,创造更加智能、高效的信息系统将是一个重要的研究方向。

安全与隐私保护:随着信息技术的广泛应用,如何保障数据的安全性和用户的隐私权已成为一个不容忽视的问题。未来的研究应更加注重安全技术的创新和应用。

可持续发展与环境保护:在信息化建设的过程中,如何实现技术与环境的和谐发展,降低能源消耗,减少碳排放,将是未来研究的一个重要课题。

管理与人才培养:除了技术研究,如何培养和引进具备信息技术背景的管理人才,构建具有创新能力和执行力的团队,同样是未来研究的关键。

总之,基于 RFID 和 AI 的集团企业信息系统架构与项目实施模型研究为企业的信息化建设提供了有力的理论支撑和实践指导。随着技术的不断进步和企业需求的日益增长,我们期待这一领域能够取得更多的创新成果,为推动企业的数字化转型和智能化发展做出更大的贡献。

参考文献

［1］JUELS A. RFID security and privacy：A research survey［J］. IEEE journal on selected areas in communications，2006，24(2)：381-394.

［2］DOMDOUZIS K，KUMAR B，ANUMBA C. Radio-Frequency identification（RFID）applications：a brief introduction［J］. Advanced engineering informatics，2007，21(4)：350-355.

［3］HAHNEL D，BURGARD W，FOX D，et al. Mapping and localization with RFID technology［C］//IEEE international conference on robotics & automation，2004.DOI：10.1109/ROBOT.2004.1307283.

［4］SARMA S E，WEIS S A，ENGELS D W. RFID systems and security and privacy implications［C］//International workshop on cryptographic hardware and embedded systems. Berlin，Heidelberg：Springer Berlin Heidelberg，2002：454-469.

［5］ZUO Y. Survivable RFID systems：issues，challenges，and techniques［J］. IEEE transactions on systems，man，and cybernetics，part C（Applications and Reviews），2010，40(4)：406-418.

［6］CHEN Y，YU J，KONG L，et al. Sensing human gait for environment-independent user authentication using commodity RFID devices［J］. IEEE transactions on mobile computing，2024，23(5)：6304-6317.

［7］LI S，LI S，CHEN M，et al. Frequency scaling meets intermittency：optimizing task rate for RFID-scale computing devices［J］. IEEE transactions on mobile computing，2024，23(2)：1689-1700.

［8］LIN K，CHEN H，YAN N，et al. Double polling-based tag information collection for sensor-augmented RFID systems［J］. IEEE transactions on mobile computing，2023.

［9］XIE X，LIU X，ZHAO X，et al. Implementation of differential tag sampling for COTS RFID systems[J]. IEEE transactions on mobile computing，2019，19(8)：1848-1861.

[10] LIU J，CHEN X，LIU X，et al. On improving write throughput in commodity RFID systems[C]//IEEE INFOCOM 2019-IEEE conference on computer communications，2019：1522-1530.

[11] OU J J，LI M，ZHENG Y Q. Come and be served：Parallel decoding for COTS RFID tags[C]//Proceedings of the 21st annual international conference on mobile computing and networking，2015：500-511.

[12]MA Z，ZHANG S，LIU J，et al. RF-Siamese：approaching accurate RFID gesture recognition with one sample[J]. IEEE transactions on mobile computing，2024，23(1)：797-811.

[13]WANG Z，CHEN Y，ZHENG H，et al. Body RFID skeleton-based human activity recognition using graph convolution neural network[J]. IEEE transactions on mobile computing，2024，23(6)：7301-7317.

[14]WANG C，XIE L，WU J，et al. Spin-antenna：enhanced 3D motion tracking via spinning antenna based on COTS RFID[J]. IEEE transactions on mobile computing，2024，23(2)：1347-1365.

[15]ZHANG Y，LI Y，CHEN B，et al. Design of an RFID-based self-jamming identification and sensing platform [J]. IEEE transactions on mobile computing，2024，23(5)：3802-3816.

[16]WANG X，LIU Z，LIU A，et al. A near-optimal protocol for continuous tag recognition in mobile RFID systems[J]. IEEE/ACM transactions on networking，2024，32(2)：1303-1325.

[17] SU Y N，ZHANG T Y，FENG J E，et al.Tagnoo：enabling smart room-scale environments with RFID-augmented plywood[C]//Proceedings of the CHI conference on human factors in computing systems，2024：1-18.

[18] JAYARAM C，RAO P S. A sub-μW fully integrated compact CMOS temperature sensor for passive RFID applications[C]//2024 37th international conference on VLSI design and 2024 23rd international conference on embedded systems (VLSID)，2024：101-106.

[19] DAI D H，AN Z L，GONG Z，et al. RFID+：spatially controllable identification of UHF RFIDs via controlled magnetic fields[C]. Proceedings of the 21st USENIX symposium on networked systems design and implementation，NSDI 2024，Santa Clara，CA，United States，2024：1351-1367.

［20］SU Y，CHESSER M，GAO Y，et al.Wisecr：Secure simultaneous code dissemination to many batteryless computational RFID devices［J］. IEEE transactions on dependable and secure computing，2022，20(3)：2188-2207.

［21］CUI K Y，WANG Y W，ZHENG Y Q，et al.ShakeReader：'Read' UHF RFID using smartphone［J］. IEEE transactions on mobile computing，2021，22(3)：1793-1809.

［22］LIU X，YIN J，ZHANG S，et al. Receive only necessary：efficient tag category identification in large-scalerfid systems［J］. IEEE transactions on mobile computing，2021，22(2)：1157-1169.

［23］NING J，XIE L，WANG C，et al. Rf-badge：vital sign-based authentication via rfid tag array on badges［J］. IEEE transactions on mobile computing，2023，22(2)：1170-1184.

［24］SU J，SHENG Z，LIU A X，et al. An efficient missing tag identification approach in RFID collisions［J］. IEEE transactions on mobile computing，2023，22(2)：720-731.

［25］IN M D. Software process themes and issues ［C］. Proceedings of the second international conference on the software process：continuous software process improvement，IEEE computer society press，1993.

［26］KAROLAK D .Software engineering risk management［Z］. 1996.

［27］CHEN D，YANG L，CAO H，et al.TAHAR：a transferable attention-based adversarial network for human activity recognition with RFID［C］//International conference on intelligent computing. Singapore：Springer Nature Singapore，2023：247-259.

［28］SHEN S，YANG L，CHEN S,et al. Deep multiple：a deep learning model for RFID-based multi-object activity recognition［C］//Proceedings of the international conference on software engineering and knowledge engineering，SEKE. San Francisco，CA，United states：Elsevier Inc.，2023：518-523.

［29］LIU J，YANG L，CHEN S，et al. Animproved MOEA based on adaptive adjustment strategy for optimizing deep model of RFID indoor positioning［C］// Proceedings of the 2023 26th international conference on computer supported cooperative work in design，CSCWD 2023. Rio de Janeiro，Brazil，2023：357-362.

［30］杨健，余松森，王永华.基于位检测与冲突块转换函数的射频识别防冲突算法［J］.计算机应用与软件,2024(6)：1-11.

[31] 孙其博,刘杰,黎羴,等.物联网:概念、架构与关键技术研究综述[J].北京邮电大学学报,2010,33(3):1-9.

[32] 周永彬,冯登国.RFID 安全协议的设计与分析[J].计算机学报,2006(4):4581-4589.

[33] 蒋皓石,张成,林嘉宇.无线射频识别技术及其应用和发展趋势[J].电子技术应用,2005(5):1-4.

[34] 刘小洋,伍民友.车联网:物联网在城市交通网络中的应用[J].计算机应用,2012,32(4):900-904.

[35] 李天华,袁永博,张明媛.装配式建筑全寿命周期管理中 BIM 与 RFID 的应用[J].工程管理学报,2012,26(3):28-32.

[36] 沈宇超,沈树群.射频识别技术及其发展现状[J].电子技术应用,1999(1):2-3.

[37] 孙瑜,范平志.射频识别技术及其在室内定位中的应用[J].计算机应用,2005(5):1205-1208.

[38] 王雪,钱志鸿,胡正超,等.基于二叉树的 RFID 防碰撞算法的研究[J].通信学报,2010,31(6):49-57.

[39] 张晖,王东辉.RFID 技术及其应用的研究[J].微计算机信息,2007(11):252-254.

[40] 沈双柱.管理信息系统通用架构技术研究与应用[D].兰州:兰州大学,2009.

[41] 徐小峰,刘家国,赵金楼.电子商务环境下企业管理信息系统构架设计分析[J].现代管理科学,2009(7):74-76.

[42] 邹宏波,王晶,牛伟丽.企业信息技术战略的实施与企业核心竞争力优势分析[J].硅谷,2013(24):138-139.

[43] 任泰明.基于 B/S 结构的软件开发技术[M].西安:西安电子科技大学出版社,2006.

[44] 杨律青.基于 SAP 的 ERP 项目风险管理[J].管理学报,2005(2):194-196.

[45] 刁成嘉,邵秀丽,马广慧.软件工程导论[M].天津:南开大学出版社,2006.

[46] 付建苏.管理信息系统开发平台的研究[J].电脑知识与技术,2009,5(31):8609-8612.

[47] 曾丽花,柏东明,杨蔼萱,等.面向框架的管理信息系统架构[J].计算机系统应用,2012,21(11):47-53.

[48] 杨文波.企业信息系统架构[J].电脑知识与技术,2010,6(19):5287-5289.

[49] 金良军.采用 B/S 和 C/S 两种模式进行 MIS 系统平台建设的分析[J].安徽冶金,2013(3):60-62.

[50] 张守伟,宋文爱.基于 C/S 与 B/S 结合模式的管理信息系统分析[J].信息通

信,2007(6):57-59.

[51] 鄂艳辉.基于 ALOHA 的 RFID 系统防碰撞算法研究[D].天津:天津大学,2009.

[52] 廉国斌.无线射频识别系统中的防碰撞算法研究[D].上海:上海交通大学,2009.

[53] 陈建哲.RFID系统多标签防碰撞算法的研究[D].广州:广东工业大学,2013.

[54] 苏健.大容量多标签防碰撞射频识别技术研究[D].成都:电子科技大学,2016.